FRÜHLING

MIT DEN

Landfrauen

Vorspeisen

FRISCHE IDEEN FÜR SALATE, SUPPEN & CO.

— 6 —

Hauptspeisen

VOM OFENGEMÜSE BIS ZUM SCHWEINEBRATEN

— 46 —

Nachspeisen

DAS SÜSSE FINALE

— 92 —

DIE LANDFRAUEN IM KURZPORTRÄT

— 134 —

REGISTER

— 148 —

Bastelideen und Spezialitäten

Brennnesselchips	85	Kräuterlimonade	111
Brennnesselpesto	82	Löwenzahnpesto	82
Filz-Besteckhülle und Serviettenring	62	Ostereier mit Serviettentechnik	127
Frittierte Taglilienblütenknospen	33	Petersilienpesto	83
Frühlingsnest aus Obstbaumzweigen	121	Rucola-Weichkäse	84
Holunderblütensirup	110	Sekt mit Cranberry-Eierlikör	110
Holunderblütensekt	111	Spargelvase	23
Kräuterblütenaufstrich	33	„Wildes" Kräutersalz	85
Kräuterblütenbutter	32	Windlichter	103

Mit Schwung in den Frühling

Wenn nach einem kalten und grauen Winter endlich das erste Grün hervorspitzt, sich die Sonne wieder zeigt und morgens die Vögel zu singen beginnen, atmen wir befreit auf: endlich Frühling! Die Landfrauen zeigen uns, wie wir ihn in vollen Zügen genießen – sie erleben mit ihren Familien, bei ihrer Arbeit in Hof und Garten und mit ihren Tieren den Rhythmus der Natur hautnah und richten ihren Alltag danach aus.

Der Frühling bringt Schwung und neues Leben. Das macht sich auch auf den Tellern der Landfrauen bemerkbar. Denn kaum wachsen Bärlauch und Co., wird es Zeit für Gerichte, die die Lebensgeister wecken und zudem richtig gesund sind. Junges, saisonales Gemüse, wilde Kräuter, knackige Salate, aber auch süße Beeren tun jetzt einfach gut und sind eine willkommene Abwechslung.

In den Landfrauen-Sendungen des WDR und BR sehen wir den Teilnehmerinnen dabei zu, wie sie sich bei ihren Besuchen gegenseitig inspirieren. Wir bekommen jede Menge Anregungen, wie ein Leben im Einklang mit den Jahreszeiten funktionieren kann. Egal, ob Kräuter und Gemüse im Bauerngarten oder bei uns zu Hause auf Terrasse, Balkon oder Fensterbrett wachsen.

Dieses Buch feiert das Aufblühen der Natur in all seinen Facetten: Mit köstlichen Rezepten für Wildkräuter, Spargel, Erdbeeren und Rhabarber, aber auch für zartes Lamm und Kalb – Zutaten, die es jetzt überall auf Wochen- und Bauernmärkten zu kaufen gibt. Im Buch mit dabei: die schönsten Dekoideen für Haus und Hof, tolle Anregungen zum Haltbarmachen von Wildkräutern und Blüten und natürlich zum Feiern und Genießen.

Wir wünschen Ihnen einen wundervollen Frühling!

Vorspeisen

FRISCHE IDEEN FÜR SALATE, SUPPEN & CO.

Spargel-Terrine

MIT LACHS UND FRISCHKÄSE

Zutaten für 6 Personen

Für die Terrine:
750 g grüner Spargel
Salz
Zucker
10 g Butter
3 Blatt weiße Gelatine
200 g Doppelrahmfrischkäse
250 g Schmand
Pfeffer aus der Mühle
300 g Räucherlachs in Scheiben

Zum Garnieren:
1 kleines Bund Dill
weißer Pfeffer aus der Mühle

1 Den Spargel waschen und im unteren Drittel schälen, die holzigen Enden abschneiden. Den Spargel in Salzwasser mit 1 Prise Zucker und der Butter etwa 5 Minuten sprudelnd kochen. Herausnehmen, abtropfen und abkühlen lassen.

2 Die Gelatine in einer kleinen Schüssel in kaltem Wasser 5 Minuten einweichen. Den Frischkäse und den Schmand in einer Schüssel glatt rühren und mit Salz und Pfeffer abschmecken. Die Gelatineblätter gut ausdrücken, in einem Topf bei schwacher Hitze auflösen und unter die Frischkäsecreme rühren.

3 Eine kleine Kastenform mit Frischhaltefolie auslegen. Die Form mit den Lachsscheiben so auslegen, dass die Scheiben rundherum etwa 6 cm über den Rand der Form hinausragen. Die Frischkäsecreme und den Spargel abwechselnd in die Form schichten und das Ganze mit den überhängenden Lachsscheiben bedecken. Die Terrine mindestens 3 Stunden in den Kühlschrank stellen.

4 Die Terrine mithilfe der Frischhaltefolie aus der Form heben und in Scheiben schneiden. Den Dill waschen, trocken tupfen und die Spitzen abzupfen. Die Terrine mit weißem Pfeffer und Dill bestreut servieren. Dazu passt frisches Baguette mit gesalzener Butter.

Gebeizte Lachsforelle

MIT
SPARGELNOCKERLN

Zutaten für 4 Personen

Für die Forelle:
1 TL Senfkörner
8 Wacholderbeeren
2 TL Salz
1 TL brauner Zucker
Pfeffer aus der Mühle
1 große Lachsforelle (filetiert;
   mit Haut)
2 TL gehackter Dill
abgeriebene Schale von 1 Bio-Orange

Für die Spargelnockerln:
300 g geschälter weißer Spargel
3 EL Butter
Salz · Pfeffer aus der Mühle
4 Blatt Gelatine
150 g Sahne

Für den Spargelsalat:
400 g geschälter weißer Spargel
je 1 EL Weißweinessig, Balsamico
   bianco und Holunderblütenessig
Salz · Zucker
2 EL Schnittlauchröllchen

1 Am Vortag für die Forelle die Senfkörner und Wacholderbeeren im Mörser grob zerstoßen und mit Salz, Zucker und Pfeffer mischen. Die Fischfilets waschen und trocken tupfen. Auf der Fleischseite mit Gewürzen, Dill und Orangenschale bestreuen. Die Fischhälften mit den gebeizten Seiten nach Innen aufeinanderlegen, vakuumieren und 24 Stunden kühl stellen. Alternativ kann man die Filets auch fest in Frischhaltefolie einwickeln, mit einem Brett beschweren und kühl stellen.

2 Am nächsten Tag für die Nockerln den Backofen auf 200 °C vorheizen. Den Spargel mit der Butter auf ein großes Stück Alufolie legen und mit Salz und Pfeffer würzen. Die Alufolie gut verschließen und den Spargel im Ofen auf der mittleren Schiene etwa 30 Minuten sehr weich garen.

3 Die Gelatine in kaltem Wasser einweichen. Den Spargel aus dem Ofen nehmen und in der Küchenmaschine fein pürieren. In eine Schüssel geben und die ausgedrückte Gelatine unter die lauwarme Spargelmasse rühren. Sahne steif schlagen. Sobald die Spargelmasse beginnt zu gelieren, die Sahne unterheben und nochmals abschmecken. Die Mousse 6 bis 8 Stunden zugedeckt kühl stellen.

4 Für den Salat den Spargel mit wenig Wasser in einen Topf geben (die Spargelstangen sollen nicht ganz bedeckt sein). Mit den Essigsorten, Salz und Zucker kräftig süßsauer abschmecken und bissfest garen. Abkühlen und 6 Stunden ziehen lassen. Mit den Schnittlauchröllchen bestreuen.

5 Die Lachsforelle schräg in dünnen Scheiben von der Haut schneiden und auf Teller verteilen. Von der Spargelmousse Nocken abstechen und mit dem Spargelsalat daneben anrichten. Nach Belieben mit Dinkelbaguette servieren.

Knusper-Kohlrabi

AUF
SALATBETT

Zutaten für 6 Personen

Für den Salat:
1 Salat nach Wahl (z. B. Kopfsalat)
2 Kohlrabi
20 g Butter
Salz · Pfeffer aus der Mühle
Zucker
100 ml Öl
2 EL Essig
1 EL Honig
1 TL mittelscharfer Senf
2 Stiele Petersilie

Für die Brösel:
2 hart gekochte Eier
30 g ungesüße Cornflakes
40 g Butter
4 EL Semmelbrösel
Salz · Pfeffer aus der Mühle
6–7 Schnittlauchhalme

1 Für den Salat vom Kopfsalat die äußeren Blätter entfernen. Den Salat in die einzelnen Blätter teilen, waschen, trocken schleudern und in mundgerechte Stücke zupfen. Die Salatblätter auf Teller verteilen.

2 Die Kohlrabi schälen, halbieren und in dünne Scheiben schneiden. Die Butter in einem Topf erhitzen und die Kohlrabischeiben darin andünsten. Mit Salz, Pfeffer und 1 Prise Zucker würzen. Etwas Wasser dazugeben und aufkochen. Die Kohlrabischeiben mit geschlossenem Deckel bei mittlerer Hitze 8 bis 10 Minuten dünsten.

3 Inzwischen das Öl, den Essig, den Honig und den Senf zu einem Dressing verrühren. Mit Salz und Pfeffer würzen. Die Petersilie waschen und trocken tupfen, die Blätter abzupfen, fein hacken und untermischen.

4 Für die Brösel die Eier pellen und fein hacken. Die Cornflakes grob zerbröseln. Die Butter in einer Pfanne erhitzen, die Cornflakes und die Semmelbrösel darin unter Rühren knusprig anrösten und mit Salz und Pfeffer würzen. Den Schnittlauch waschen, trocken tupfen und in Röllchen schneiden.

5 Jeweils etwas Dressing auf das Salatbett träufeln und die Kohrabischeiben darauf anrichten. Die gerösteten Brösel mit dem gehackten Ei und den Schnittlauchröllchen mischen und über die Kohlrabi streuen.

Anfängergemüse

Kohlrabi gibt es in vielen verschiedenen Farben von Weiß über Grün bis Violett. Er gilt in Gärtnerkreisen als unkompliziert, weshalb der Anbau vor allem für Anfänger geeignet ist. Die wichtigste Pflegemaßnahme für den Kohlrabi ist regelmäßiges Gießen, so wird der Kohlrabi nicht holzig. Nicht nur die Knolle, auch die jungen Blätter sind sehr schmackhaft und können z. B. Blattsalate aufpeppen.

Mozzarella

MIT
WILDKRÄUTERN

Zutaten für 4 Personen

100 g Wildkräuter (v. a. Wiesenker-
   bel und Spitzwegerich, außerdem
   z.B. Wilder Thymian, Rot- und
   Weißkleeblüten, Labkraut, junge
   Schafgarben-, Kapuzinerkresse-,
   Nachtkerzen- und Johannisbeer-
   blätter)
einige Lindenblütenknospen
12 Cocktailtomaten
16 Scheiben roher geräucherter
   Schinken
16 Scheiben Mozzarella
1 EL reife Brennnesselsamen
1 EL Aceto balsamico
Salz
3 EL Olivenöl
1 TL Balsamicocreme
Pfeffer aus der Mühle
essbare Blüten (z. B. von Kapuzinerkresse, Heckenrosen, Ringelblumen)

1 Die Wildkräuter verlesen, gründlich waschen und gut trocken tupfen. Die Kräuter grob schneiden und mit den Lindenblütenknospen in eine große Schüssel geben. Die Tomaten waschen, vierteln und zu den Kräutern geben.

2 Je 4 Schinken- und Mozzarellascheiben auf Tellern anrichten und die Mozzarellascheiben mit den Brennnesselsamen bestreuen.

3 Für das Dressing den Essig mit etwas Salz verrühren, dann das Olivenöl unterschlagen. Mit den Wildkräutern und den Tomaten mischen und auf die Teller verteilen.

4 Den Salat mit Balsamicocreme beträufeln und etwas Pfeffer grob darübermahlen. Mit den essbaren Blüten garnieren. Dazu passt frisches Weißbrot oder ein herzhaftes Holzofenbrot mit gesalzener Butter.

Klein, aber oho

Die winzigen Brennnesselsamen stecken voller gesunder Inhaltsstoffe. Wenn Sie Brennnesselsamen ernten, sollten die Samenstände voll, noch grün und dicht an der Pflanze wachsen. Sie schmecken auch roh, ein besonders nussiges Aroma entfalten die Samen aber, wenn sie bei niedrigen Temperaturen im Ofen getrocknet werden. Sie können die Samen aber ebenso kaufen (z.B. in der Apotheke, im Bioladen) – oder durch Sonnenblumenkerne ersetzen.

Dreierlei Büffelkäse

MIT
OFENGEMÜSE UND KRÄUTERN

Zutaten für 6 Personen

Für die Päckchen:
6 „Primosale Natur" aus Büffelmilch
    (à 10 g; ersatzweise Feta)
2 kleine Zucchini
1 EL Olivenöl
Salz · Pfeffer aus der Mühle
7 kleine Zweige Rosmarin
2 EL Aprikosenkonfitüre

Für die Törtchen:
1 Aubergine
1 Zucchini
1 Tomate
Salz · Pfeffer aus der Mühle
3 Kugeln Büffel-Mozzarella
    (à 125 g)
3 EL Basilikumpesto (aus dem Glas)
1 Handvoll Basilikum

Für die Crostini:
150 g Rucola
6 Scheiben Ciabatta-Brot
1 Knoblauchzehe
2 EL Aceto balsamico
1 EL Olivenöl
2 EL Honig
Salz
1 Handvoll Pinienkerne
75 g Ricotta aus Büffelmilch
    (ersatzweise anderer Ricotta)

1 Für die Käsepäckchen den Backofen auf 150 °C vorheizen. Den „Primosale" in daumendicke Stücke schneiden. Die Zucchini putzen, waschen und längs in 6 Scheiben hobeln. Mit dem Olivenöl bestreichen und mit Salz und Pfeffer würzen. Die Zucchinischeiben auf ein mit Backpapier belegtes Backblech legen und im Ofen auf der mittleren Schiene 5 Minuten garen.

2 Den Rosmarin waschen und trocken schütteln, von 1 Zweig die Nadeln abzupfen und fein hacken. Die Zucchini aus dem Ofen nehmen und auf Küchenpapier abtropfen lassen. Mit der Aprikosenkonfitüre bestreichen und mit etwas Rosmarin bestreuen. Jedes Käsestück mit 1 Zucchinischeibe umwickeln und diese mit 1 Rosmarinzweig feststecken.

3 Für die Mozzarellatörtchen den Backofengrill einschalten. Die Aubergine, die Zucchini und die Tomate putzen, waschen und in Scheiben schneiden. Auf ein mit Backpapier belegtes Backblech legen und im Ofen auf der mittleren Schiene etwa 10 Minuten grillen. Herausnehmen, mit Salz und Pfeffer würzen und auskühlen lassen.

4 Den Mozzarella in Scheiben schneiden und 6 Mozzarellatörtchen herstellen: Dafür jeweils abwechselnd den Mozzarella mit dem Gemüse schichten, dabei jede Lage mit etwas Pesto bestreichen. Mit Mozzarella abschließen. Das Basilikum waschen, trocken tupfen, in feine Streifen schneiden und daraufstreuen.

5 Für die Ricottacrostini den Rucola verlesen, waschen und trocken schütteln. Das Ciabatta im Toaster kurz anrösten. Den Knoblauch schälen und fein hacken, mit dem Essig, dem Olivenöl und dem Honig verrühren und mit Salz würzen. Die Pinienkerne in einer Pfanne ohne Fett rösten.

6 Das Ciabatta mit Rucola belegen und den Ricotta darüberbröseln. Mit dem Dressing beträufeln und mit den Pinienkernen bestreuen. Die Käsevariationen auf Tellern anrichten und servieren.

Altendorfer Landei

IM BUNTEN SALATNEST

Zutaten für 6 Personen

150 g Parmesan
150 g Gouda
6 Altendorfer Landeier
gemischte Blattsalate (z. B. Lollo
    rosso, Lollo bionda, Friséesalat,
    Kopfsalat, Rucola)
6 – 12 Cocktailtomaten
2 – 3 Egerlinge (Champignons)
6 EL Himbeeressig
4 EL Himbeersirup
4 EL Sonnenblumenöl
1 TL Senf
Salz · Pfeffer aus der Mühle
essbare Blüten zum Garnieren
Himbeeren (nach Belieben)

1 Den Backofen auf 150 °C vorheizen. Den Käse reiben und in 6 flachen Häufchen auf einem mit Backpapier ausgelegten Backblech verteilen. Im Ofen auf der mittleren Schiene 3 bis 5 Minuten schmelzen lassen, sofort vom Blech nehmen und direkt auf umgedrehte Tassen stürzen, sodass nach dem Erkalten kleine Körbchen entstehen.

2 Die Eier in kochendem Wasser hart kochen. Abschrecken, pellen und längs halbieren.

3 Die Blattsalate waschen und gut trocken schütteln. Die Tomaten waschen und trocken tupfen. Die Pilze putzen, trocken abreiben und in Scheiben schneiden. Für das Dressing den Essig, den Sirup, das Öl, den Senf sowie Salz und Pfeffer gut verrühren.

4 Das Dressing mit den Salatblättern mischen und in die Käsekörbchen füllen. Je ½ Ei und 1 bis 2 Tomaten darauf anrichten, das jeweils andere ½ Ei und die Pilze daneben anrichten. Mit Blüten und nach Belieben Himbeeren garnieren und sofort servieren.

Schneller Himbeersirup

Himbeersirup ist natürlich auch schnell selbst gemacht: Dafür Himbeeren verlesen und mit Zucker im Verhältnis 2 : 1 sowie mit 1 Schuss Wasser in einem Topf etwa 8 Minuten köcheln lassen, bis sich der Zucker löst. Durch ein feines Sieb streichen, nach Belieben abkühlen lassen und fertig! Im Kühlschrank hält sich der Sirup mindestens 1 Woche.

Erdbeer-Spargel-Salat

MIT
FRISCHKÄSEKUGELN

Zutaten für 4 – 6 Personen

Für den Erdbeer-Spargel-Salat:
2 EL Mandelstifte
500 g Erdbeeren
250 g weiße Spargelspitzen
2 Stiele Minze
Salz
Cayennepfeffer
4 EL Erdbeersirup
Saft von 1 Zitrone

Für die Frischkäsekugeln:
200 g Frischkäse
2 EL gehackte Wildkräuter
    (z. B. Borretsch, Pimpinelle,
    Rucola, Schnittlauch)
Salz · Pfeffer aus der Mühle

1 Für den Erdbeer-Spargel-Salat die Mandeln in einer Pfanne ohne Fett unter Wenden goldbraun rösten. Beiseitestellen und abkühlen lassen.

2 Die Erdbeeren waschen, putzen und je nach Größe halbieren oder vierteln. Die untere Hälfte der Spargelspitzen schälen und die Stangen schräg in sehr feine Scheiben schneiden. Die Minze waschen und trocken tupfen, die Blätter abzupfen und in feine Streifen schneiden.

3 Die Erdbeeren, den Spargel, die Minze und die Mandeln in eine Schüssel geben. Mit Salz, 1 Prise Cayennepfeffer, Erdbeersirup und Zitronensaft marinieren.

4 Für die Frischkäsekugeln den Frischkäse mit den Wildkräutern verrühren und mit Salz und Pfeffer würzen.

5 Den Erdbeer-Spargel-Salat auf Teller verteilen. Mit dem Eisportionierer oder einem Löffel Kugeln aus dem Frischkäse formen und daraufsetzen. Nach Belieben mit Weißbrot servieren.

Herzhaft-süße Varianten

Spargel und Erdbeeren bilden ein kulinarisches Dream-Team. Sie lassen sich aber jeweils auch anders herzhaft-süß kombinieren. Probieren Sie doch einmal Spargel mit Mango, Pfirsich oder Melone. Erdbeeren passen zu Mozzarella, rohem Schinken oder Rucola.

Spargelvase

MIT FRÜHLINGSBLUMEN

Mal zarter Frühlingsschmuck, mal festlicher Hingucker – die grasgrünen Spargel-stangen sind nicht nur auf dem Teller eine Gaumenfreude. In die saisonale Tisch-dekoration eingebaut, werden sie völlig überraschend zum Augenschmaus.

Material (für 1 Vase)

1 Glas in Zylinderform
   (z. B. Marmeladenglas)
ca. 18 – 20 Stangen grüner Spargel
festes Gummiband
Dekoband (z. B. Organza, Bast oder
   Paketschnur)
Frühlingsblumen nach Belieben
   (z. B. Tulpen, Maiglöckchen,
   Veilchen, Vergissmeinnicht oder
   Schlüsselblumen)

1 Das Glas bereitstellen. Die Spargelstangen entsprechend der Glashöhe abschneiden, sodass die Spargelspitzen etwa 1 bis 2 cm über den Glasrand ragen und ihn komplett verdecken. Die Stangen müssen nicht exakt gleich lang sein, kleine Unregelmäßigkeiten sind hübsche Hingucker.

2 Die Stangen um das Glas arrangieren und mit dem Gummiband fixieren. Das Dekoband so um die Spargelstangen wickeln, dass es das Gummiband verdeckt, und zu einer Schleife binden. Für einen festlichen Schmuck breites Organzaband in einer Farbe wählen, die zu den Blumen und zur Tischdecke passt. Wer es schlichter mag, nimmt Bast oder Paketschnur und wickelt die-se mehrmals um die Spargelstangen.

3 Das Glas mit Wasser füllen und üppig mit Frühlingsblumen bestücken. Die fertige Spargelvase nach Belieben auf einen Teller stellen. Das frische Grün der Stangen kommt so noch besser zur Geltung.

Die Spargelstangen entsprechend der Glashöhe am unte-ren Ende kürzen – sie sollten 1 bis 2 cm über den Glasrand ragen, um ihn komplett zu verdecken.

Die gekürzten Spargelstangen nebeneinander dicht an dicht um das zylindrische Glas arrangieren und mithilfe des Gummibands befestigen.

Drei Köstlichkeiten

AUF
FRÄNKISCHE ART

Zutaten für 4 Personen

Für den Gerupften:
125 g reifer Camembert
75 g Butter
½ Zwiebel
1 Schmelzkäseecke
1 EL Weißwein
Paprikapulver

Für die sauren Zipfel:
1 Zwiebel
1 Möhre
⅛ l Essig
½ l Weißwein
1 Lorbeerblatt
je 2 Gewürznelken, schwarze Pfeffer-
    körner und Wacholderbeeren
25 g Zucker
Salz
6 kleine fränkische Bratwürstchen
1 EL Butter

Für den Gartenkräutersalat:
1 Beet Kresse
je ½ Bund Schnittlauch, Petersilie,
    Borretsch, Dill und Zitronenthy-
    mian
1 Bund Radieschen
2 EL Weißwein
½ EL Weißweinessig
1 TL Honig
½ TL scharfer Senf
2 EL Öl
Salz · Pfeffer aus der Mühle
einige essbare Blüten

1 Für den Gerupften den Camembert und die Butter mit einer Gabel zerdrücken und verrühren. Die Zwiebel schälen und in feine Würfel schneiden. Die Zwiebel, den Schmelzkäse, den Wein und etwas Paprikapulver dazugeben, alles gut vermischen. Den Gerupften nach Belieben mit Zwiebelringen oder Petersilie garnieren.

2 Für die Sauren Zipfel die Zwiebel schälen und in Ringe hobeln. Die Möhre putzen, schälen und in kleine Würfel schneiden. Essig, Wein und ¼ l Wasser aufkochen. Die Gewürze, Zucker, Salz und das Gemüse dazugeben und 15 Minuten köcheln lassen. Dann die kleinen Bratwürstchen dazugeben und in dem Sud 15 Minuten ziehen lassen.

3 Zum Anrichten die Bratwürstchen schräg in Scheiben schneiden und in kleine Gläser geben. Einige Zwiebelringe und Möhrenwürfel aus dem Sud nehmen und beiseitestellen. Den Sud durch ein Sieb in einen Rührbecher gießen. Die Butter hineingeben und mit dem Stabmixer kurz aufschlagen. Den Sud auf die Gläser verteilen und mit Zwiebelringen und Möhrenwürfeln garnieren.

4 Für den Salat alle Kräuter und die Radieschen putzen, waschen und klein schneiden. Die Kräuter auf Schälchen verteilen. Die restlichen Zutaten zu einer Vinaigrette verrühren, mit Salz und Pfeffer würzen und darübergeben. Mit Radieschen und Blüten anrichten. Dazu passt Bauernbrot.

Typisch fränkisch

Gerupfter und saure Zipfel sind fränkische Spezialitäten mit einer langen Tradition – sie sind vor allem in Wirtshäusern sehr beliebt und oft Bestandteil einer ordentlichen Brotzeit. Der Gerupfte ist eine deftigere Variante des bayerischen Obatzdn und wird im Gegensatz zu diesem ursprünglich zerrupft, was ihm seinen Namen gab. Saure Zipfel sind süßsauer eingelegte Bratwürste, die es, so sagt man, bereits seit dem 13. Jahrhundert gibt.

Zucchiniblütenkuchen

UND
ROSA KALBSFILET

Zutaten für 4 bis 6 Personen

Für den Teig:
175 g helles Dinkelmehl
75 g Butter (in Würfeln)
1 Ei · 1 Prise Salz
Butter für die Form

Für die Strudelkräcker:
Strudelteig aus 100 g Mehl
   (ersatzweise Fertigprodukt)
Butter für das Blech und
   50 g flüssige Butter
Salz · Chiliflocken

Für den Belag:
1 Zwiebel
300 g Zucchini
1 EL Butter
Kräutersalz
Pfeffer aus der Mühle
6 Zucchiniblüten
100 g Ziegenfrischkäse
100 g geriebener Bergkäse
3 Eier · 100 g Sahne
Salz
frisch geriebene Muskatnuss

Für das Kalbsfilet:
350 g Kalbsfilet (ca. 7 cm dick)
Salz · Pfeffer aus der Mühle
1 EL Olivenöl
1 TL Kakaopulver
1 Msp. Chilipulver
250 g Muskatkürbis
3 EL Butter
150 ml Kokosmilch
½ TL abgeriebene Bio-Zitronenschale

1 Für den Teig alle Zutaten und 3 EL kaltes Wasser gut verkneten. Teig ausrollen, eine gefettete Springform (24 cm Ø) damit auskleiden und einen 3 cm hohen Rand formen. Boden mit der Gabel mehrmals einstechen und 45 Minuten kühl stellen.

2 Für die Strudelkräcker den Backofen auf 200 °C Umluft vorheizen. Teig ausziehen, auf ein gefettetes Backblech legen, mit flüssiger Butter bestreichen. Mit Salz und Chili würzen und im Ofen 8 Minuten backen. Herausnehmen und in Stücke brechen.

3 Zwiebel schälen, fein würfeln. Zucchini putzen, waschen, in Scheiben schneiden. Beides in einer Pfanne in Butter andünsten. Mit Kräutersalz und Pfeffer würzen. Blüten vorsichtig waschen, trocken tupfen, die Stempel entfernen. Frischkäse, 50 g Bergkäse und 1 Ei verrühren, mit Kräutersalz und Pfeffer würzen. Blüten mit der Masse füllen und oben leicht zusammendrehen.

4 Ofen auf 180 °C Umluft einstellen. Sahne, die übrigen Eier und Gewürze verrühren. Die Zucchini in die Springform füllen, die Blüten darauf verteilen. Eiersahne darübergießen, mit dem restlichen Käse bestreuen. Im Ofen etwa 35 Minuten backen.

5 Ofen auf 90 °C Ober- und Unterhitze einstellen. Das Fleisch mit Salz und Pfeffer würzen und im Öl rundum anbraten. Kakao- mit Chilipulver mischen. Filet darin wenden und im Ofen etwa 1 Stunde garen. Herausnehmen, mit Alufolie abdecken.

6 Kürbis schälen, würfeln und in einem Topf mit 1 EL Butter erhitzen. Mit Kokosmilch ablöschen, 10 Minuten köcheln, pürieren. Mit Salz, Pfeffer und Zitronenschale würzen. Fleisch in Scheiben schneiden, in 2 EL warmer Butter schwenken. Kürbiscreme mit Strudelkräckern und Filet aufeinanderschichten. Mit dem Kuchen und nach Belieben mit Wildkräutersalat und Himbeeren servieren.

Ziegenfrischkäse

MIT PESTO
UND GRAVED-ROLLEN

Zutaten für 4 Personen

Für das Walnuss- und das
Kräuterpesto (für je 1 Glas):
200 g Walnusskerne
7 Knoblauchzehen (geschält)
100 g geriebener Parmesan
ca. 360 ml Olivenöl
Salz
2 Bund Kräuter (z. B. Bärlauch,
    Basilikum, Petersilie; gewaschen)
50 g Pinienkerne

Für die Pfannkuchen:
125 g Mehl
Salz
¼ l Milch
2 Eier
Olivenöl zum Braten

Für den bunten Quark:
1 Möhre
½ Stange Lauch
1 EL Olivenöl
Salz · Pfeffer aus der Mühle
1 Kästchen Gartenkresse
250 g Speisequark
1 EL Zitronensaft

Außerdem:
100 g Graved Lachsforellenfilet
150 g Ziegenfrischkäse
Kräuterblätter zum Garnieren

1 Am Vortag für das Walnusspesto Walnüsse, 3 Knoblauchzehen und 50 g Parmesan im Küchenmixer zerkleinern. 150 ml Olivenöl langsam dazugießen und die Zutaten zu einem cremigen Pesto pürieren. Mit Salz abschmecken.

2 Für das Kräuterpesto die Kräuter mit 4 Knoblauchzehen, den Pinienkernen und 50 g Parmesan im Küchenmixer zerkleinern. 150 ml Olivenöl langsam dazugießen und die Zutaten zu einem cremigen Pesto pürieren. Mit Salz abschmecken.

3 Die Pestos jeweils in ein sterilisiertes Schraubglas füllen und so viel Olivenöl dazugeben, dass sie damit ganz bedeckt sind. Die Pestos halten sich im Kühlschrank mehrere Wochen.

4 Am nächsten Tag für die Pfannkuchen das Mehl mit 1 Prise Salz in eine Schüssel geben. Die Milch dazugießen und glatt rühren. Dann die Eier unterrühren. Etwas Olivenöl in einer Pfanne erhitzen und aus dem Teig nacheinander 4 goldgelbe, dünne Pfannkuchen backen. Abkühlen lassen.

5 Für den bunten Quark Möhre und Lauch putzen, schälen bzw. waschen und in feine Würfel schneiden. Möhre in einer Pfanne im Olivenöl etwa 5 Minuten dünsten. Den Lauch dazugeben und etwa 2 Minuten mitdünsten. Mit Salz und Pfeffer würzen. Das Gemüse beiseitestellen und abkühlen lassen.

6 Die Kresse vom Beet schneiden, waschen und trocken tupfen. Den Quark mit der Hälfte der Kresse, Gemüsewürfeln und Zitronensaft verrühren. Mit Salz und Pfeffer würzen.

7 Das Forellenfilet schräg in dünne Scheiben schneiden. Die Pfannkuchen mit dem Quark bestreichen und die Fischstreifen darauf verteilen. Pfannkuchen einrollen und schräg in 4 bis 5 cm breite Stücke schneiden.

8 Mit zwei Teelöffeln von dem Frischkäse Nocken abstechen und auf Tellern auf Kräuterblätter setzen. Mit den Graved-Rollen und je 1 Klecks Walnuss- und Kräuterpesto anrichten. Mit der restlichen Kresse garnieren.

Zucchiniblüten

MIT
BOHNEN-RICOTTA-FÜLLUNG

Zutaten für 4 Personen

Für die Zucchiniblüten:
2 kg dicke Bohnen (oder 600 g tiefge-
*   kühlte Bohnenkerne)*
Salz
1 Bund Basilikum
100 g Parmesan (am Stück)
8 Zucchiniblüten mit Frucht-
*   ansätzen*
60–100 g Ricotta
Pfeffer aus der Mühle
3 EL Olivenöl
2 EL Weißweinessig

Für die Kräutercreme:
3 EL Frischkäse
3 EL Kräuterfrischkäse
4 EL Petersilie (fein gehackt)
1 Knoblauchzehe (gepresst)
100 g Sahne
1 TL Senf

1 Für die Zucchiniblüten die Bohnenkerne aus den Schoten lösen, 3 Minuten in kochendem Salzwasser garen und in ein Sieb abgießen. Kalt abschrecken, abtropfen lassen und die Bohnenkerne aus den Häutchen drücken.

2 Das Basilikum waschen, trocken schütteln und die Blätter abzupfen. Kurz in kochendem Salzwasser blanchieren, kalt abschrecken und gut ausdrücken. Die Hälfte des Parmesans fein reiben. Die Zucchiniblüten vorsichtig waschen und trocken tupfen, die Stempel aus den Blüten entfernen.

3 Zwei Drittel der Bohnen mit dem Ricotta, dem Basilikum und dem geriebenen Parmesan in einem hohen Rührbecher mit dem Stabmixer fein pürieren und mit Salz und Pfeffer würzen. Das Bohnenpüree in einen Spritzbeutel mit Lochtülle geben und in die Blüten spritzen. Die Blütenspitzen zusammendrehen. Die restlichen Bohnen mit 2 EL Olivenöl, dem Essig, Salz und Pfeffer würzen und beiseitestellen.

4 Den Backofen auf 180 °C vorheizen. Die Zucchiniblüten mit dem restlichen Olivenöl bepinseln und in einer Auflaufform auf der mittleren Schiene 20 bis 30 Minuten garen, bis die Blüten leicht gebräunt sind. Inzwischen für die Kräutercreme alle Zutaten verrühren.

5 Je 2 Zucchiniblüten mit etwas Bohnensalat auf einem Teller anrichten. Den restlichen Parmesan mit dem Sparschäler grob über den Bohnensalat hobeln und je 1 Klecks Kräutercreme zwischen die beiden Blüten setzen.

Feine Blüten

Zucchiniblüten sind eine Delikatesse, die Sie im Garten gut selbst ernten können – sogar auf dem Balkon lassen sich die Pflanzen ziehen. Damit nichts von der Füllung herausläuft, kann man die Blüten mit Schnittlauchhalmen zubinden.

Flower Power!

BLÜTEN ZUM ESSEN? JA BITTE! GÄNSEBLÜMCHEN, VEILCHEN, BORRETSCH & CO. SEHEN NICHT NUR HÜBSCH AUS, SIE BIETEN AUCH INTERESSANTE GESCHMACKSKOMPONENTEN.

Kräuterblütenbutter

*Für die Butter **1 Tasse gemischte Kräuterblüten** (z. B. von Schnittlauch, Knoblauch, Basilikum, Oregano, Malve, Rose, Salbei, Kapuzinerkresse oder Borretsch) waschen und trocken schütteln. Die Blüten fein hacken und mit **250 g weicher Butter, je 1 TL abgeriebener Bio-Zitronen- und Orangenschale** sowie **Salz** und **Pfeffer** verrühren. Wir reichen die Blütenbutter unseren Gästen gern als kleinen Gruß aus der Küche. Mit 1 Scheibe frischem Brot ein schnörkelloser Genuss!*

Christine Wutz

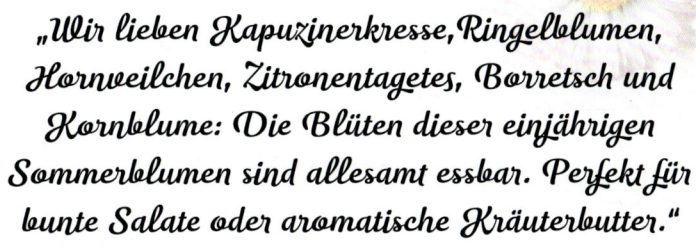

„Wir lieben Kapuzinerkresse, Ringelblumen, Hornveilchen, Zitronentagetes, Borretsch und Kornblume: Die Blüten dieser einjährigen Sommerblumen sind allesamt essbar. Perfekt für bunte Salate oder aromatische Kräuterbutter."

Christiane Thees

Frittierte Taglilienblütenknospen

Eine sicher nicht alltägliche Spezialität sind **in Olivenöl frittierte Knospen von der Taglilie.** Verfeinert mit 1 Prise Fleur de Sel, schmecken sie nussig und feinwürzig. Sie bereichern jeden Frühlingssalat, schmecken auf Butterbrot oder als Beilage zu Gegrilltem.

Wiebke Brinkmann-Roitsch

Kräuterblütenaufstrich

Je 1 Handvoll Blüten von Gänseblümchen, Taubnessel, Spitzwegerich **und Hornveilchen** waschen und trocken schütteln. Die Blüten in **etwas Aceto balsamico bianco** einlegen, **Olivenöl** einrühren und mit **Salz** und **Pfeffer** würzen. Schmeckt hervorragend auf 1 Scheibe frischem Bauernbrot mit Butter oder Frischkäse.

Christiane Thees

Kalte Gärtnersuppe

MIT
ZUCCHINI

Zutaten für 4 Personen

1 Zwiebel
4 Knoblauchzehen
300 g Zucchini
4 EL Olivenöl
½ l Gemüsebrühe
3 Scheiben Toastbrot
1 EL Balsamico bianco
Salz · Pfeffer aus der Mühle
1 Stange Staudensellerie
½ Salatgurke
2 Frühlingszwiebeln
1 EL Schnittlauchröllchen
1 EL gehackte Petersilie
1 EL gehackte Minze
essbare Blüten zum Verzieren
    (z. B. Stiefmütterchen, Kapuziner-
    kresse, Taglilienblüten, Phlox)

1 Die Zwiebel und den Knoblauch schälen und in feine Würfel schneiden. Die Zucchini putzen, waschen und in grobe Würfel schneiden.

2 In einem Topf 2 EL Olivenöl erhitzen, Zwiebel und Knoblauch darin andünsten. Die Zucchini dazugeben und mitbraten. Die Brühe angießen und die Zucchini etwa 10 Minuten garen. Dann die Suppe vom Herd nehmen.

3 Die Toastscheiben mit dem Essig beträufeln und kurz ziehen lassen. Die Toastscheiben zerpflücken und in die Suppe geben. Das restliche Olivenöl hinzufügen und die Suppe mit dem Stabmixer pürieren. Mit Salz und Pfeffer würzen.

4 Den Sellerie, die Gurke und die Frühlingszwiebeln putzen und waschen. Sellerie und Gurke in feine Würfel, die Frühlingszwiebeln in Ringe schneiden. Die Gemüsewürfel zur Suppe geben und 2 Stunden kühl stellen.

5 Die kalte Gärtnersuppe auf tiefe Teller oder Schüsselchen verteilen. Die Gemüsewürfel, die Frühlingszwiebeln, Schnittlauch, Petersilie und Minze daraufgeben. Die Suppe mit Pfeffer bestreuen und mit den Blüten garniert servieren.

Gut würzen!

Kalte Suppen machen satt, sind aber meist kalorische Leichtgewichte und das ideale Essen für warme Frühlings- und Sommertage. Nicht wundern: Bei der Zubereitung kalter Suppen muss man – natürlich ganz nach Geschmack – durchaus kräftiger würzen, da man die Gewürze und Aromen bei kälteren Temperaturen weniger intensiv wahrnimmt.

Wildkräutersuppe

MIT
SAHNETUPFER

Zutaten für 4 Personen

ca. 400 g gemischte Wildkräuter
(z. B. Bärlauch, Giersch, Löwen-
zahn, Brennnessel, Taubnessel,
Sauerampfer, Vogelmiere, Sauer-
klee, evtl. Rucola)
Salz
1 Zwiebel (oder 3 Frühlingszwiebeln)
1 Knoblauchzehe (nach Belieben)
1 EL Butter
2 EL Mehl
350 ml Gemüsefond
350 ml Milch
150 g Sahne
Pfeffer aus der Mühle

1 Die Kräuter verlesen, waschen und trocken schleudern, grobe Stiele entfernen. Die Kräuter in kochendem Salzwasser blanchieren, in ein Sieb abgießen, kalt abschrecken und abtropfen lassen (so behalten sie ihre schöne grüne Farbe). Die Kräuterblätter hacken. Die Zwiebel und nach Belieben die Knoblauchzehe schälen und in feine Würfel schneiden.

2 Die Butter in einem Topf erhitzen und die Zwiebel- und Knoblauchwürfel darin andünsten. Die Kräuter hinzufügen und kurz mitdünsten. Das Mehl darüberstäuben und kurz anschwitzen. Unter Rühren mit dem Fond und der Milch ablöschen und die Suppe 8 bis 10 Minuten köcheln lassen.

3 Die Sahne steif schlagen. Die Kräutersuppe mit dem Stabmixer pürieren und mit Salz und Pfeffer abschmecken. Die Sahne unterheben, die Suppe auf tiefe Teller oder Suppentassen verteilen, nach Belieben noch mit Kräuterblättchen garnieren und servieren.

Superkräuter

Besonders gut schmeckt die Suppe mit Bärlauch, dem unscheinbaren Gundermann, einem der ersten Wildkräuter des Jahres, und Giersch, der der Suppe eine leicht pfeffrige Note gibt.

Bärlauch-Cappuccino

UND
KÄSESTANGEN

Zutaten für 6 Personen

Für die Käsestangen:
2 Platten Blätterteig
   (aus dem Kühlregal)
1 Eigelb
ca. 40 g geriebener Käse nach
   Geschmack
etwas Meersalz

Für die Suppe:
5 Frühlingszwiebeln
3 mehligkochende Kartoffeln
ca. 20 g Margarine
100 ml Weißwein
900 ml Gemüsebrühe
Salz · Pfeffer aus der Mühle
100 g Bärlauch
etwas Zucker
125 ml lauwarme Milch

1 Für die Käsestangen den Backofen auf 200 °C vorheizen. Den Blätterteig ausrollen, in Streifen schneiden und diese mit den Fingern eindrehen oder rund rollen. Das Eigelb verquirlen und die Teigstreifen damit bestreichen. Mit dem geriebenen Käse bestreuen und mit Meersalz würzen.

2 Die Stangen auf ein mit Backpapier belegtes Backblech legen und im Ofen auf der mittleren Schiene 8 bis 12 Minuten backen.

3 Inzwischen für die Suppe die Frühlingszwiebeln putzen, waschen und klein schneiden. Die Kartoffeln schälen, waschen und in kleine Würfel schneiden.

4 Die Margarine in einem Suppentopf erhitzen und die Frühlingszwiebeln und die Kartoffeln darin andünsten. Mit dem Weißwein ablöschen und die Brühe dazugießen. Mit Salz und Pfeffer würzen. Die Kartoffeln mit geschlossenem Deckel etwa 10 Minuten weich köcheln.

5 Inzwischen den Bärlauch waschen, trocken schütteln, grob hacken und zur Suppe geben. Alle Zutaten mit dem Stabmixer im Topf sofort pürieren. Die Suppe mit etwas Zucker abschmecken und noch einmal aufkochen. Die Milch mit dem Milchschäumer oder mit dem Stabmixer aufschäumen.

6 Die Suppe in Gläser füllen, mit dem Milchschaum toppen und sofort mit den Käsestangen servieren.

Mangoldsuppe

MIT
SELBST GEBACKENEM BROT

Zutaten für 4 Personen

Für das Weizenbrot:
500 g Weizenmehl (Type 550)
1 EL Butter
1 TL Zucker
1 TL Salz
½ Würfel frische Hefe (21 g)

Für die Mangoldsuppe:
400 g Mangold
1 Stängel Zitronengras
1 EL Sesamöl
1 kleines Stück Ingwer
   (in feinen Streifen)
1 l Gemüsebrühe
1 Mango
2 EL Mango-Chutney
¼ l Kokosmilch
Salz · Pfeffer aus der Mühle
Currypulver
2 EL Kokosraspel

1 Für das Brot alle Zutaten mit 300 ml lauwarmem Wasser in einer Schüssel zu einem glatten Teig verkneten und zugedeckt 5 Minuten gehen lassen. Ein Backblech mit Backpapier belegen. Den Teig noch einmal gut durchkneten, einen Laib daraus formen und auf das Backblech legen. Zugedeckt an einem warmen Ort 40 Minuten gehen lassen.

2 Den Backofen auf 220 °C vorheizen. Den Laib umdrehen, kurz ruhen lassen und die Oberseite mit einem scharfen Messer schräg einritzen. Mit etwas Wasser bestreichen.

3 Eine ofenfeste Form mit Wasser in den Ofen stellen und das Brot auf der mittleren Schiene 15 Minuten backen. Die Temperatur auf 200 °C reduzieren und das Brot weitere 15 bis 20 Minuten backen. Herausnehmen und abkühlen lassen.

4 Für die Suppe den Mangold putzen, waschen, Stiele und Blätter getrennt in feine Streifen schneiden. Das Zitronengras putzen und die untere Hälfte in kleine Stücke schneiden. Mangoldstiele im Öl andünsten. Die Blätter hinzufügen und mitdünsten. Zitronengras und Ingwer dazugeben, dünsten, mit Brühe ablöschen und 5 Minuten köcheln lassen.

5 Die Mango schälen, das Fruchtfleisch auf den flachen Seiten vom Stein schneiden und etwa drei Viertel in kleine Würfel schneiden und in die Suppe geben. Die restliche Mango in Spalten schneiden und beiseitestellen.

6 Chutney und Kokosmilch in die Suppe geben, mit den Gewürzen abschmecken. Noch 5 Minuten garen. Mit Kokosraspeln und Mangospalten garnieren. Das Brot dazu reichen.

Apfel-Tomaten-Suppe

MIT
HOLUNDERBLÜTEN

Zutaten für 4 Personen

Für die Suppe:
2 Zwiebeln
700 g vollreife Tomaten
2 feinsäuerliche Äpfel (z. B. Boskop)
1–2 mehligkochende Kartoffeln
1 kleine Möhre
1–2 EL Öl
Salz · Pfeffer aus der Mühle
ca. 200 ml Gemüsebrühe
2 EL gehacktes Basilikum
etwas Apfelkraut (Apfelsirup; aus
    dem Reformhaus)

Für die Holunderblüten:
100 g Vollkornmehl
100–130 ml Milch
2 Eier
Salz
Kokosfett zum Ausbacken
4 Holunderblütendolden
100 g geschlagene Sahne

1 Für die Suppe die Zwiebeln schälen und in feine Würfel schneiden. Tomaten waschen und vierteln, dabei die Stielansätze entfernen. Äpfel vierteln, schälen und entkernen, die Viertel klein schneiden. Kartoffeln schälen, waschen und vierteln. Möhre putzen, waschen und in Würfel schneiden.

2 Das Öl in einem Topf erhitzen und die Zwiebeln darin andünsten. Tomaten dazugeben, mit Salz und Pfeffer würzen und 5 Minuten dünsten. Die Äpfel dazugeben und kurz mitdünsten. Kartoffeln und Möhre hinzufügen, die Brühe angießen und bei mittlerer Hitze etwa 30 Minuten köcheln lassen.

3 Dann die Suppe durch die Flotte Lotte in einen zweiten Topf passieren, das Basilikum untermischen und die Tomatensuppe mit Salz, Pfeffer und dem Apfelkraut abschmecken.

4 Für die Holunderblüten das Mehl mit der Milch in einer Schüssel verrühren, die Eier und 1 Prise Salz unterrühren – es sollte ein dickflüssiger Teig entstehen.

5 Das Kokosfett in einer weiten tiefen Pfanne auf 170 °C erhitzen. Die Holunderblüten verlesen, waschen und vorsichtig trocken tupfen. Falls nötig, etwas zerteilen, durch den Teig ziehen und im heißen Fett goldbraun ausbacken. Die Holunderblüten auf Küchenpapier abtropfen lassen. Den restlichen Ausbackteig anderweitig verwenden.

6 Die Apfel-Tomaten-Suppe in tiefen Tellern oder Suppentassen anrichten und mit den gebackenen Holunderblüten und je 1 Klecks Sahne garnieren.

Kräutermaultäschle

ALLGÄUER ART MIT RADIESCHENSALAT

Zutaten für 4 Personen

Für die Maultaschen:
4 Eier
1 EL Öl
250 g Mehl
Salz
250 g Spinat mit Zwiebeln
      (tiefgekühlt)
1 Semmel (vom Vortag)
75 ml lauwarme Milch
1 Zwiebel
1 EL Butter
250 g Hackfleisch
2 EL gehackte Kräuter
      (z. B. Bärlauch, Kerbel, Liebstö-
      ckel, Thymian)
Pfeffer aus der Mühle
Chilisalz
Streuwürze
1 TL getrockneter Majoran
2 EL Butterschmalz

Für den Radieschensalat:
2 Bund Radieschen
1 Handvoll Gänseblümchen
1 EL Balsamico bianco
1 EL Himbeeressig
1 Schuss Apfelsaft
3 EL Öl
Salz · Pfeffer aus der Mühle
Zucker
Streuwürze
1 TL Senf

Außerdem:
Mehl für die Arbeitsfläche
geriebener Bergkäse zum Bestreuen
2 EL Schnittlauchröllchen

1 Für die Maultaschen 1 Ei trennen. Das Eiweiß verquirlen und beiseitestellen. Das Eigelb, die restlichen Eier und das Öl mit Mehl und 1 Prise Salz zu einem glatten, elastischen Teig verkneten. In Frischhaltefolie wickeln, 30 Minuten ruhen lassen.

2 Für die Füllung den Spinat in einer Schüssel auftauen lassen. Die Semmel in Würfel schneiden und in der Milch einweichen. Die Zwiebel schälen und in feine Würfel schneiden.

3 Die Butter in einer Pfanne erhitzen und die Zwiebel darin andünsten. Die Zwiebel, Hackfleisch, Kräuter und die Semmel zum Spinat geben und gut mischen. Mit Salz, Pfeffer, Chilisalz, Streuwürze und Majoran würzen.

4 Den Nudelteig auf der bemehlten Arbeitsfläche dünn ausrollen und in etwa 10 cm breite Bahnen schneiden. Die Füllung in kleinen Häufchen auf der Hälfte der Bahnen verteilen. Die Ränder mit Eiweiß bestreichen. Die restlichen Bahnen darüberlegen und um die Füllung herum andrücken. Mit einem Ausstecher Herzen oder Blumen ausstechen.

5 Für den Radieschensalat die Radieschen putzen, waschen und in Scheiben schneiden. Die Gänseblümchenblüten abzupfen. Die restlichen Zutaten zu einem Dressing verrühren.

6 In einem großen Topf reichlich Salzwasser aufkochen. Die Maultaschen hineingeben und bei schwacher Hitze etwa 5 Minuten garen, bis sie an der Oberfläche schwimmen.

7 Die Maultaschen mit dem Schaumlöffel herausnehmen und kurz abtropfen lassen. Das Butterschmalz in einer großen Pfanne erhitzen und die Maultaschen darin rundum kurz braten.

8 Die Radieschen mit dem Dressing marinieren und die Gänseblümchenblüten untermischen. Die Kräutermaultaschen mit dem Radieschensalat auf Tellern anrichten. Mit Bergkäse und Schnittlauch bestreut servieren.

Hauptspeisen

VOM OFENGEMÜSE BIS ZUM SCHWEINEBRATEN

Bunter Salat

MIT KNUSPRIGEN HÄHNCHENSTREIFEN
UND ERDBEER-VINAIGRETTE

Zutaten für 4 Personen

300 g Hähnchenbrustfilet
3–4 EL Sojasauce
je 100 g Rucola, roter Eichblatt-
    und Friséesalat
100–150 g Erdbeeren
1 EL Erdbeersirup
3–4 EL Essig
1 TL gekörnter Senf
Kräutersalz
Salz · Pfeffer aus der Mühle
6–7 EL Öl
150 g Crème fraîche
1 Schuss Tomatenketchup
1–2 EL Milch
Paprikapulver (nach Belieben)

1 Das Hähnchenbrustfilet waschen, trocken tupfen und in mundgerechte Stücke schneiden. Das Fleisch mit der Sojasauce in einer Schüssel marinieren.

2 Den Rucola, den Eichblatt- und den Friséesalat verlesen, waschen und trocken schleudern. Größere Salatblätter klein zupfen, von dem Rucola grobe Stiele entfernen. Die Erdbeeren waschen, putzen und vierteln.

3 Für die Vinaigrette den Erdbeersirup mit 3 EL Essig, dem gekörnten Senf, dem Kräutersalz, etwas Salz und Pfeffer in einer kleinen Schüssel verrühren, zuletzt nach und nach 4 bis 5 EL Öl unterschlagen. Einige Erdbeerviertel in die Vinaigrette geben.

4 Für den Dip die Crème fraîche mit dem Ketchup und der Milch verrühren. Mit restlichem Essig, Salz und Pfeffer abschmecken.

5 Das restliche Öl in einer Pfanne erhitzen und die Hähnchenbruststücke darin bei mittlerer Hitze 8 Minuten rundum knusprig braten. Mit Salz, Pfeffer und nach Belieben etwas Paprikapulver würzen.

6 Die Salate mit der Erdbeer-Vinaigrette mischen und auf vier Teller verteilen. Die restlichen Erdbeerviertel und die knusprigen Hähnchenbruststücke auf dem Salat anrichten. Den Dip und nach Belieben Grahambrot dazu servieren.

Gefüllte Zucchini

UND
FRITTIERTE ZUCCHINIBLÜTEN

Zutaten für 4 Personen

Für den Tomatensugo:
500 g reife Tomaten · 1 Möhre
1 Stange Staudensellerie · 1 Zwiebel
2 Knoblauchzehen · 2 EL Olivenöl
½ TL gehackter Rosmarin
Salz · Pfeffer aus der Mühle

**Für die Zucchini mit Kräuter-
kartoffelpüree:**
500 g mehligkochende Kartoffeln
1 Zwiebel · 1 EL Öl · 4 runde Zucchini
Salz · Pfeffer aus der Mühle
4 EL gehackte Kräuter
2 EL Crème fraîche · 100 g geriebener
Käse (z. B. Emmentaler)
1 EL Butter

Für die Zucchini mit Feta:
4 runde Zucchini · 1 Zwiebel
1 Knoblauchzehe · 3 EL Öl
50 g Feta (Schafskäse) · 25 g gehackte
Walnüsse · 50 g Semmelbrösel · 1 Ei
1 TL Dill · Salz · Pfeffer aus der Mühle

Für die Joghurt-Kräutersauce:
500 g Naturjoghurt
2–3 EL Crème fraîche oder Schmand
½–1 Bund Schnittlauch
½ Bund Dill · 2 Knoblauchzehen
1 Spritzer Zitronensaft
Salz · Pfeffer aus der Mühle

Für die frittierten Zucchiniblüten:
6 Zucchiniblüten · 50 g Mehl
Salz · Pfeffer aus der Mühle
Chilipulver · 50 ml Weißwein · 1 Ei
1 EL Olivenöl · 1 EL geriebener
Parmesan · Öl zum Frittieren

1 Für den Tomatensugo die Tomaten kreuzweise einritzen, überbrühen, kalt abschrecken und häuten. Das Fruchtfleisch in Würfel schneiden. Die Möhre schälen, den Sellerie waschen und beides in kleine Stücke schneiden. Zwiebel und Knoblauch schälen, in feine Würfel schneiden. Das Öl in einem Topf erhitzen und beides darin andünsten. Das Gemüse und den Rosmarin dazugeben, mit Salz und Pfeffer würzen. Bei schwacher Hitze 45 bis 60 Minuten köcheln lassen.

2 Für die Zucchini mit Kräuterkartoffelpüree die Kartoffeln schälen, waschen und in Würfel schneiden. Die Zwiebel schälen, in feine Würfel schneiden. Das Öl erhitzen und beides anbraten. ¼ l Wasser hinzugeben und kurz aufkochen. Die Kartoffeln sehr weich garen. Mit dem Stampfer zerdrücken.

3 Den Backofen auf 200 °C vorheizen. Die Zucchini putzen, waschen und aushöhlen, dabei einen Rand stehen lassen. Mit Salz und Pfeffer würzen. Das Fruchtfleisch mit Kräutern und Crème fraîche pürieren, unter das Kartoffelpüree mischen und mit Salz und Pfeffer würzen. In einen Spritzbeutel füllen und die Zucchini damit füllen. Die Zucchini in einer ofenfesten Form mit Käse bestreuen und mit Butterflöckchen belegen.

4 Für die Zucchini mit Feta die Zucchini waschen und aushöhlen, dabei einen Rand stehen lassen. Das Fruchtfleisch würfeln. Zwiebel und Knoblauch schälen, fein würfeln und in 2 EL Öl andünsten. Das Fruchtfleisch dazugeben und dünsten, bis die Zwiebel goldbraun ist. Abkühlen lassen. Zerbröckelten Feta, Walnüsse, Semmelbrösel, verquirltes Ei und Dill unter die Zucchinimasse rühren. Salzen, pfeffern und in die Zucchini füllen. In eine ofenfeste Form geben, mit restlichem Öl beträufeln. Mit Alufolie bedeckt im Ofen etwa 20 Minuten backen. Die Folie entfernen und weitere 15 Minuten backen. Die Zucchini mit der Kartoffelfüllung gleichzeitig 35 Minuten im Ofen garen.

5 Für die Joghurt-Kräutersauce den Joghurt mit Crème fraîche oder Schmand, fein geschnittenen Kräutern, zerdrücktem Knoblauch und Zitronensaft verrühren, mit Salz und Pfeffer würzen.

6 Für die Zucchiniblüten die Stempel aus den Blüten herausschneiden und die Blüten leicht eindrehen. Das Mehl und die Gewürze mischen. Wein und 50 ml Wasser unterrühren. Das Ei trennen. Das Eigelb unter den Teig rühren, Öl und Parmesan zugeben und 30 Minuten quellen lassen. Das Eiweiß steif schlagen und unterheben. Das Öl erhitzen und die Zucchiniblüten durch den Teig ziehen. Abtropfen lassen und im Fett goldbraun frittieren.

7 Die gefüllten Zucchini mit Tomatensugo, Joghurt-Kräutersauce und 1 Zucchiniblüte anrichten. Die restliche Joghurtsauce separat servieren.

Gerstenbraten

IM SALBEIMANTEL
MIT JOGHURTSAUCE UND GRÜNEM GEMÜSE

Zutaten für 4 Personen

Für den Gerstenbraten:
300 g Nacktgerste
1 Lorbeerblatt
1 Vollkornsemmel
3 Eier
2 große Zwiebeln
4 Knoblauchzehen
1 Bund Petersilie
5 EL Butterschmalz
1 TL getrockneter Majoran
Pfeffer aus der Mühle
Paprika- und Chilipulver
40–50 g Salbeiblätter
1 TL Kräutersalz
Semmelbrösel

Für die Joghurtsauce:
150 g Ziegenjoghurt
50 g Ziegenfrischkäse
Salz
2 EL pürierte Brombeeren

Für das Gemüse:
je 200 g Lauch, Mangold und
Zucchini
2 EL Öl
Kräutersalz
Pfeffer aus der Mühle

1 Die Gerste waschen und mit 650 ml Wasser und dem Lorbeerblatt in einem Topf aufkochen und 1 Stunde zugedeckt garen. Die Gerste in ein Sieb abgießen und in eine Schüssel geben. Die Semmel 10 Minuten in kaltem Wasser einweichen, ausdrücken, zerkleinern und mit den Eiern zur Gerste geben.

2 Die Zwiebeln und den Knoblauch schälen und in feine Würfel schneiden. Die Petersilie waschen, trocken schütteln, die Blätter abzupfen und fein hacken. In einer Pfanne 2 EL Butterschmalz erhitzen, 1 Zwiebel und 2 Knoblauchzehen darin andünsten und die Petersilie hinzufügen. Unter die Gerste mischen, mit Majoran, Pfeffer, Paprika- und Chilipulver würzen und ziehen lassen.

3 Den Backofen auf 170 °C vorheizen. Die Salbeiblätter waschen, trocken tupfen und in feine Streifen schneiden. Das restliche Butterschmalz erhitzen und die Salbeiblätter mit der übrigen Zwiebel und dem restlichen Knoblauch portionsweise goldbraun braten. Auf einem Backblech verteilen und mit Kräutersalz würzen.

4 Die Gerstenmasse noch mal abschmecken, bei Bedarf mit Semmelbröseln binden und halbieren. Aus jedem Teil Gerstenmasse einen ovalen Braten formen, im knusprigen Salbei wälzen und im Ofen auf der mittleren Schiene 45 Minuten backen.

5 Inzwischen für die Joghurtsauce den Joghurt mit dem Frischkäse verrühren und mit Salz würzen. Kühl stellen.

6 Den Lauch, den Mangold und die Zucchini putzen, waschen und in Scheiben bzw. Streifen schneiden. Das Öl in einer großen Pfanne erhitzen und das Gemüse darin andünsten. Mit Kräutersalz und Pfeffer würzen und zugedeckt 5 bis 7 Minuten bissfest garen. Bei Bedarf etwas Wasser hinzufügen.

7 Den Gerstenbraten in Scheiben schneiden und mit dem Gemüse und der Joghurtsauce auf Tellern anrichten. Den Joghurt mit Brombeerpüree garnieren.

Kabeljaufilet

MIT KARTOFFEL-RADIESCHEN-SALAT UND GARTENKRÄUTER-REMOULADE

Zutaten für 4 Personen

Für die Gartenkräuter-Remoulade:

1 Ei · 1 eingelegtes Sardellenfilet
1 Essiggurke
6 EL Mayonnaise
2 EL gemischte, gehackte Kräuter
 (z. B. Liebstöckel, Petersilie,
 Schnittlauch, Zitronenthymian)
1 Spritzer Zitronensaft
1 Spritzer Verjus (Saft unreifer
 Trauben)
Salz · Pfeffer aus der Mühle

Für den Kartoffel-Radieschen-Salat:

400 g festkochende Kartoffeln
Salz · 1 kleine rote Zwiebel
Pfeffer aus der Mühle
1 TL Senf
2 EL Weißweinessig
2 EL Traubenkernöl
½ Bund Radieschen
Rinderbrühe (nach Belieben)
1 Bund Rucola
zerstoßener Sichuanpfeffer

Für das Kabeljaufilet:

500 g Kabeljaufilet
Saft von ½ Zitrone
Salz
500 g Bienenwachs (z. B. aus dem
 Bioladen)
100 g Mehl
50 ml Verjus (ersatzweise 1 EL
 Zitronensaft)
1 TL Fischkräutergewürz
Öl zum Braten
4 Zweige Zitronenthymian

1 Für die Gartenkräuter-Remoulade das Ei in kochendem Wasser 10 Minuten hart kochen. Kalt abschrecken, pellen und klein hacken. Das Sardellenfilet mit kaltem Wasser abbrausen, trocken tupfen und fein hacken. Die Essiggurke in sehr feine Würfel schneiden. Die Mayonnaise mit Essiggurke, Sardelle, Ei, Kräutern, Zitronensaft und Verjus in einer Schüssel verrühren und mit Salz und Pfeffer würzen. Kühl stellen.

2 Für den Kartoffel-Radieschen-Salat die Kartoffeln waschen und mit der Schale in Salzwasser weich garen. Die Kartoffeln abgießen, etwas abkühlen lassen und möglichst heiß pellen. In Scheiben schneiden und in eine Schüssel geben. Die Zwiebel schälen, fein würfeln und zu den Kartoffeln geben.

3 Salz, Pfeffer, Senf, Essig und Öl kräftig verrühren und die Kartoffeln damit marinieren. Nach Belieben etwas Rinderbrühe zu den Kartoffeln geben. Den Salat etwa 15 Minuten ziehen lassen.

4 Inzwischen für das Kabeljaufilet das Fischfilet waschen, trocken tupfen und in 8 Stücke teilen. Mit dem Zitronensaft beträufeln und mit Salz würzen. Das Bienenwachs in einem Topf bei schwacher Hitze schmelzen und auf etwa 65 °C erhitzen.

5 Das Mehl mit dem Verjus, 50 ml Wasser und dem Fischkräutergewürz in einer Schüssel zu einem Backteig verrühren.

6 Eine kleine Form (passend für 4 Kabeljaustücke) mit Alufolie auslegen, die Folie an den Seiten überlappen lassen. Vier dickere Kabeljaustücke ebenfalls in Alufolie wickeln und auf einer Seite mit einer Messerspitze mehrere kleine Löcher hineinstechen. Die Alupäckchen mit den Löchern nach unten in die Form legen und mit dem flüssigen Bienenwachs übergießen. Sie sollen vollständig mit Wachs bedeckt sein. Die Form beiseitestellen und den Kabeljau im heißen Wachs etwa 10 Minuten gar ziehen lassen.

7 Die Radieschen putzen, waschen und vierteln. Den Rucola verlesen, waschen und trocken schleudern. Mit den Radieschen unter den Kartoffelsalat mischen und mit 1 Prise Sichuanpfeffer würzen.

8 Reichlich Öl in einer Pfanne erhitzen. Die restlichen Kabeljaustücke durch den Backteig ziehen und im Öl auf beiden Seiten 5 bis 10 Minuten knusprig braten. Herausnehmen und auf Küchenpapier abtropfen lassen.

9 Den Thymian waschen und trocken schütteln. Den Kabeljau aus dem erstarrten Wachs brechen. Zweierlei Kabeljaufilets mit Kartoffel-Radieschen-Salat und Remoulade auf Tellern anrichten. Mit Thymian garnieren.

Lachsforelle

MIT SILVANERNUDELN UND GURKENGEMÜSE

Zutaten für 4 Personen

Für die Silvanernudeln:
400 g griffiges Mehl (z. B. Spätzle-
    mehl oder Weizendunst)
Salz · gemahlene Kurkuma
100 ml Silvaner (oder ein anderer
    trockener Weißwein)
2 EL Öl
2 Eier
Mehl für die Arbeitsfläche

Für das Gurkengemüse:
4 Schmorgurken
    (ersatzweise 1 Salatgurke)
1 Zwiebel
1 EL Butter
½ TL Natron
150 ml Silvaner (oder ein anderer
    trockener Weißwein)
200 g Sahne
100 g Crème fraîche
Salz · Pfeffer aus der Mühle
½ TL Cajun-Gewürzmischung
    (ersatzweise Paprikapulver,
    Cayennepfeffer, Fenchel und
    Kreuzkümmel)
2 EL gehackte Dillspitzen
4 gehackte Salbeiblätter
8 Cocktailtomaten

Für die Lachsforellen:
4 Lachsforellenfilets (à 150 g;
    mit Haut)
Salz · Pfeffer aus der Mühle
2 EL Butter

1 Für die Silvanernudeln Mehl, Salz, 1 Prise Kurkuma, Silvaner, Öl und Eier mit den Knethaken des Handrührgeräts zu einem glatten, elastischen Teig verkneten. Den Teig in Frischhaltefolie wickeln und im Kühlschrank etwa 30 Minuten ruhen lassen.

2 Den Teig mit der Nudelmaschine oder dem Nudelholz auf der bemehlten Arbeitsfläche zu dünnen Teigbahnen ausrollen und in 1 cm breite Nudeln schneiden.

3 Für das Gurkengemüse die Gurken putzen, schälen, längs halbieren und die Kerne mit einem Löffel entfernen. Das Fruchtfleisch in 1 cm breite Scheiben schneiden. Die Zwiebel schälen und in feine Würfel schneiden.

4 Die Butter in einem Topf erhitzen und die Zwiebel darin andünsten. Die Gurkenscheiben und das Natron dazugeben und kurz mitdünsten. Mit dem Wein ablöschen und die Flüssigkeit vollständig einkochen lassen. Die Sahne und die Crème fraîche dazugeben und alles etwa 5 Minuten köcheln lassen. Mit Salz, Pfeffer und Cajun-Gewürzmischung würzen.

5 Die Nudeln in reichlich kochendem Salzwasser 2 bis 3 Minuten bissfest garen. In ein Sieb abgießen, abtropfen lassen und warm halten.

6 Für die Lachsforellen die Forellenfilets waschen und trocken tupfen, mit Salz und Pfeffer würzen. Die Filets nach Belieben quer in 4 cm breite Streifen schneiden. Die Butter in einer Pfanne erhitzen und die Filets darin auf der Hautseite etwa 5 Minuten braten. Die Filets wenden und bei schwacher Hitze noch etwa 2 Minuten gar ziehen lassen.

7 Den Dill und den Salbei unter das Gurkengemüse mischen. Die Cocktailtomaten waschen und halbieren. Die Silvanernudeln vorsichtig unter das Gurkengemüse mischen und mit den Cocktailtomatenhälften sowie den Lachsforellenfilets auf Tellern anrichten.

Lachsforelle

UND SAIBLINGSFILET AN SPITZKOHLGEMÜSE MIT SCHRAPPKARTÖFFELCHEN

Zutaten für 4 Personen

Für den Fisch:
1 kleine Lachsforelle und 2 Saiblinge
    (vom Fischhändler filetieren las-
    sen; mit Karkassen, ersatzweise
    125 ml Fischfond)
1 Zwiebel
1 kleine Möhre
1 kleine Stange Lauch
2 EL Butter · Salz
1 Lorbeerblatt
100 ml Weißwein
2 EL Öl
Pfeffer aus der Mühle

Für die Schrappkartoffeln:
600 g festkochende Frühkartoffeln
    (z. B. Annabelle)
Salz
ca. 2 EL Öl

Für das Spitzkohlgemüse:
1 Spitzkohl
Salz
1 kleine reife Mango
ca. 1 EL Butter
½ TL brauner Zucker
Pfeffer aus der Mühle

Für die Sauce:
1 EL Butter
1 TL Currypulver
1 Schuss Wermut
    (z. B. Martini d'Oro)
4 EL Sahne
Salz
Vanillezucker
Cayennepfeffer

1 Für den Fischfond die Karkassen waschen. Die Zwiebel und die Möhre schälen und in kleine Würfel schneiden. Den Lauch putzen, waschen und in Stücke schneiden. In einer Pfanne 1 EL Butter erhitzen und das Gemüse darin andünsten. Salzen, Karkassen und Lorbeerblatt dazugeben, kurz andünsten und mit dem Wein ablöschen. So viel Wasser angießen, dass die Zutaten bedeckt sind. Die Karkassen knapp unter dem Siedepunkt etwa 1 Stunde ziehen lassen. Zwischendurch den eventuell entstandenen Schaum abnehmen. Dann den Fischfond durch ein mit einem dünnen Geschirr- oder Mulltuch ausgelegtes Sieb gießen und für die Sauce beiseitestellen.

2 Für die Schrappkartoffeln die Kartoffeln unter fließendem kaltem Wasser gründlich abbürsten. Salzen und in Salzwasser 20 bis 25 Minuten garen.

3 Für dass Spitzkohlgemüse den Spitzkohl putzen, halbieren und den Strunk herausschneiden. Den Kohl in dünne Streifen schneiden, salzen und im Dampfgarer 10 bis 12 Minuten bissfest garen, alternativ im kochenden Salzwasser bissfest blanchieren.

4 Den Backofen auf 80 °C vorheizen. Die Kartoffeln abgießen und kurz ausdampfen lassen. Das Öl in einer Pfanne erhitzen und die Kartoffeln darin bei mittlerer Hitze goldbraun anbraten. Im Ofen warm halten.

5 Für den Fisch die Fischfilets waschen, trocken tupfen und jeweils halbieren. Das Öl und die restliche Butter in einer Pfanne erhitzen. Die Fischfilets darin 2 Minuten braten, mit Salz und Pfeffer würzen. Wenden und weitere 2 bis 3 Minuten braten. Herausnehmen und ebenfalls im Ofen warm halten.

6 Für das Spitzkohlgemüse die Mango schälen und das Fruchtfleisch auf den flachen Seiten vom Stein schneiden. Eine Hälfte in Streifen, den Rest in kleine Stücke schneiden und für die Sauce beiseitestellen. Die Butter in einer Pfanne erhitzen, den Zucker dazugeben und kurz karamellisieren. Die Mangostreifen darin kurz andünsten. Den abgetropften Spitzkohl dazugeben, kurz durchschwenken, mit Salz und Pfeffer würzen.

7 Für die Sauce die Butter in einem Topf erhitzen. Die Mangostücke mit etwas Currypulver darin andünsten, mit dem Wermut ablöschen und 125 ml Fischfond angießen (der Rest lässt sich portioniert tiefgekühlt aufbewahren). Den Saucenansatz pürieren, 1 Schuss Sahne dazugeben und mit Salz, Vanillezucker und Cayennepfeffer würzen.

8 Das Gemüse auf Teller verteilen und nach Belieben mit Crème fraîche und Chilifäden garnieren. Die Fischfilets und die Schrappkartoffeln daneben anrichten und mit der Sauce beträufeln.

Karpfen

IN ZITRONEN-SCHNITTLAUCH-KRUSTE UND SAIBLING
IM SPECKMANTEL MIT KARTOFFELN

Zutaten für 4 Personen

Für den Karpfen:
400 g Karpfenfilet
Salz · Pfeffer aus der Mühle
50 g Semmelbrösel
ca. 3 EL Schnittlauchröllchen
1 EL abgeriebene Bio-Zitronenschale
½ l Öl

Für den Saibling:
4 Saiblingsfilets (ca. 400 g; als
  Schmetterlingsfilets geschnitten)
Salz · Pfeffer aus der Mühle
je ½ EL Dill, Salbei, Petersilie,
  Zitronenmelisse und Schnittlauch
  (alles fein gehackt)
4 dünne Scheiben geräuchertes
Bündle (Schweinebauch) · 3 EL Öl

Für die Joghurt-Dill-Sauce:
150 g Naturjoghurt
je 3 EL Crème fraîche, saure Sahne
  und Sahne
2 EL gehackter Dill
1 EL Balsamico bianco · 1 EL Öl
Salz · Pfeffer aus der Mühle · Zucker

Für die Drillinge:
500 g Drillinge (kleine Kartoffeln)
Salz · 2 EL Butter · 1 EL gehackte
Petersilie · 2 EL Semmelbrösel

Für die Kartoffel-Knoblauch-
Stopfer:
500 g mehligkochende Kartoffeln
Salz · 2 Knoblauchzehen
ca. 5 EL Olivenöl
ca. 100 g Crème fraîche
ca. 50 g Sahne · Pfeffer aus der Mühle

1 Für den Karpfen das Fischfilet waschen, trocken tupfen und in 4 Portionen schneiden. Mit Salz und Pfeffer würzen. Die Semmelbrösel in einen tiefen Teller geben, den Schnittlauch und die Zitronenschale untermischen.

2 Für den Saibling die Filets waschen, trocken tupfen und mit Salz und Pfeffer würzen. Kräuter darauf verteilen, die Filets zusammenklappen und mit den Bündlescheiben umwickeln.

3 Für die Joghurtsauce alle Zutaten miteinander verrühren. Mit Salz, Pfeffer und Zucker abschmecken.

4 Für die Drillinge die Kartoffeln waschen und mit Schale in Salzwasser etwa 15 Minuten weich garen. Die Kartoffeln abgießen und ausdampfen lassen. Die Butter in einer Pfanne erhitzen, die Petersilie und die Semmelbrösel darin anrösten. Die Kartoffeln dazugeben, darin wenden und kurz mitrösten.

5 Für die Kartoffel-Knoblauch-Stopfer die Kartoffeln schälen, waschen und in 2 cm große Würfel schneiden. In Salzwasser etwa 15 Minuten weich garen. Abgießen, ausdampfen lassen und mit dem Kartoffelstampfer zerdrücken. Den Knoblauch schälen, in feine Würfel schneiden und unter den Kartoffelschnee mischen. So viel Olivenöl, Crème fraîche und Sahne dazugeben, dass eine formbare Masse entsteht. Mit Salz und Pfeffer abschmecken und aus der Kartoffelmasse Nockerln abstechen.

6 Für den Karpfen das Öl in einem hohen Topf oder der Fritteuse auf 170 °C erhitzen. Die Filets in der Kräuter-Brösel-Mischung wenden, etwas abklopfen und im Öl etwa 5 Minuten goldbraun ausbacken. Mit dem Schaumlöffel herausnehmen und auf Küchenpapier abtropfen lassen.

7 Für den Saibling das Öl in einer Pfanne erhitzen und die Filets darin auf jeder Seite etwa 4 Minuten braten.

8 Karpfen- und Saiblingsfilets mit Drillingen, Kartoffel-Knoblauch-Stopfern und Joghurt-Dill-Sauce anrichten. Nach Belieben mit Zitronenspalten servieren.

Filz-Besteckhülle

UND SERVIETTENRING

*Das Besteck neben dem Teller platzieren? Korrekt, aber langweilig! Diese
originellen Besteckhüllen gewähren Messer und Gabel einen stilvollen Unterschlupf.
Mit einem passenden Serviettenring (Seite 64) setzen Sie farbenfrohe Akzente.*

Material

Schnittmuster (siehe nächste Seiten)
grüne Filzblätter (30 × 45 cm)
karierter Baumwollstoff
Lineal
Bleistift
Schere
Stoffkleber
Teppichmesser
Knöpfe in verschiedenen Größen
Nadel und Faden
Dekoband

1 Das Schnittmuster von der Vorlage (Seite 65) auf den Filz und den Stoff übertragen (Zentimeterangaben beachten!). Beides zuschneiden.

2 Das karierte Rechteck mit dem Stoffkleber auf die senkrechte Achse des Filzstücks kleben (siehe Vorlage Seite 65) und/oder die Kanten nach Belieben mit Heftstichen einfassen. Das überstehende untere Ende so hochklappen, dass es mit der linken und rechten Kante bündig abschließt. Die Seiten dünn mit Kleber bestreichen und so festkleben, dass eine Tasche entsteht. Anschließend das karierte Dreieck und einen kleinen Knopf aufkleben.

3 Die Bestecktasche wenden, sodass die Außenseite oben liegt. Am rechten Flügel 2 cm vom Rand entfernt mittig einen großen Knopf annähen.

4 Die Bestecktasche erneut wenden und erst den rechten, dann den linken Flügel über die Mitte klappen. Das Dekoband doppelt um die Bestecktasche wickeln und dann mit etwas Abstand abschneiden. Die Enden verknoten. Das Band am Knopf einhaken, um die Hülle wickeln und zum Verschließen ebenfalls am Knopf einhaken.

*Wenn Sie die Stoffe passend zugeschnitten haben, können
Sie den karierten Baumwollstoff mithilfe des Stoffklebers
auf die Innenseite des Filzstücks kleben.*

*Nähen Sie einen Dekoknopf auf die Außenseite des rechten Filzflügels. Zuletzt knoten Sie ein Stück Dekoband zu
einer Schlaufe und verschließen damit die Besteckhülle.*

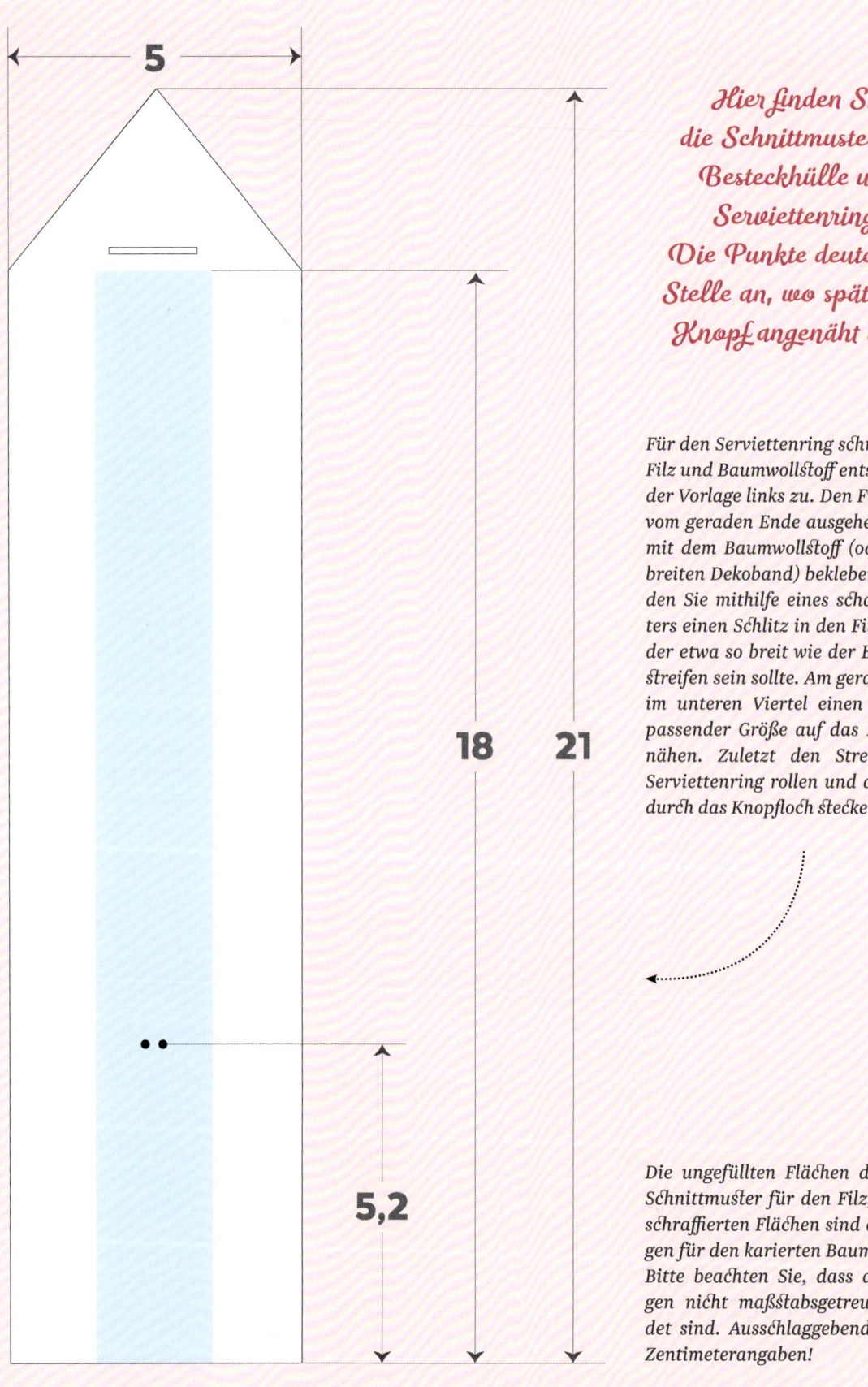

5

18 **21**

5,2

Hier finden Sie die Schnittmuster für Besteckhülle und Serviettenring. Die Punkte deuten die Stelle an, wo später der Knopf angenäht wird.

Für den Serviettenring schneiden Sie Filz und Baumwollstoff entsprechend der Vorlage links zu. Den Filzstreifen vom geraden Ende ausgehend mittig mit dem Baumwollstoff (oder einem breiten Dekoband) bekleben. Schneiden Sie mithilfe eines scharfen Cutters einen Schlitz in den Filzstreifen, der etwa so breit wie der Baumwollstreifen sein sollte. Am geraden Ende im unteren Viertel einen Knopf in passender Größe auf das Dekoband nähen. Zuletzt den Streifen zum Serviettenring rollen und den Knopf durch das Knopfloch stecken.

Die ungefüllten Flächen dienen als Schnittmuster für den Filz, die blau schraffierten Flächen sind die Vorlagen für den karierten Baumwollstoff. Bitte beachten Sie, dass die Vorlagen nicht maßstabsgetreu abgebildet sind. Ausschlaggebend sind die Zentimeterangaben!

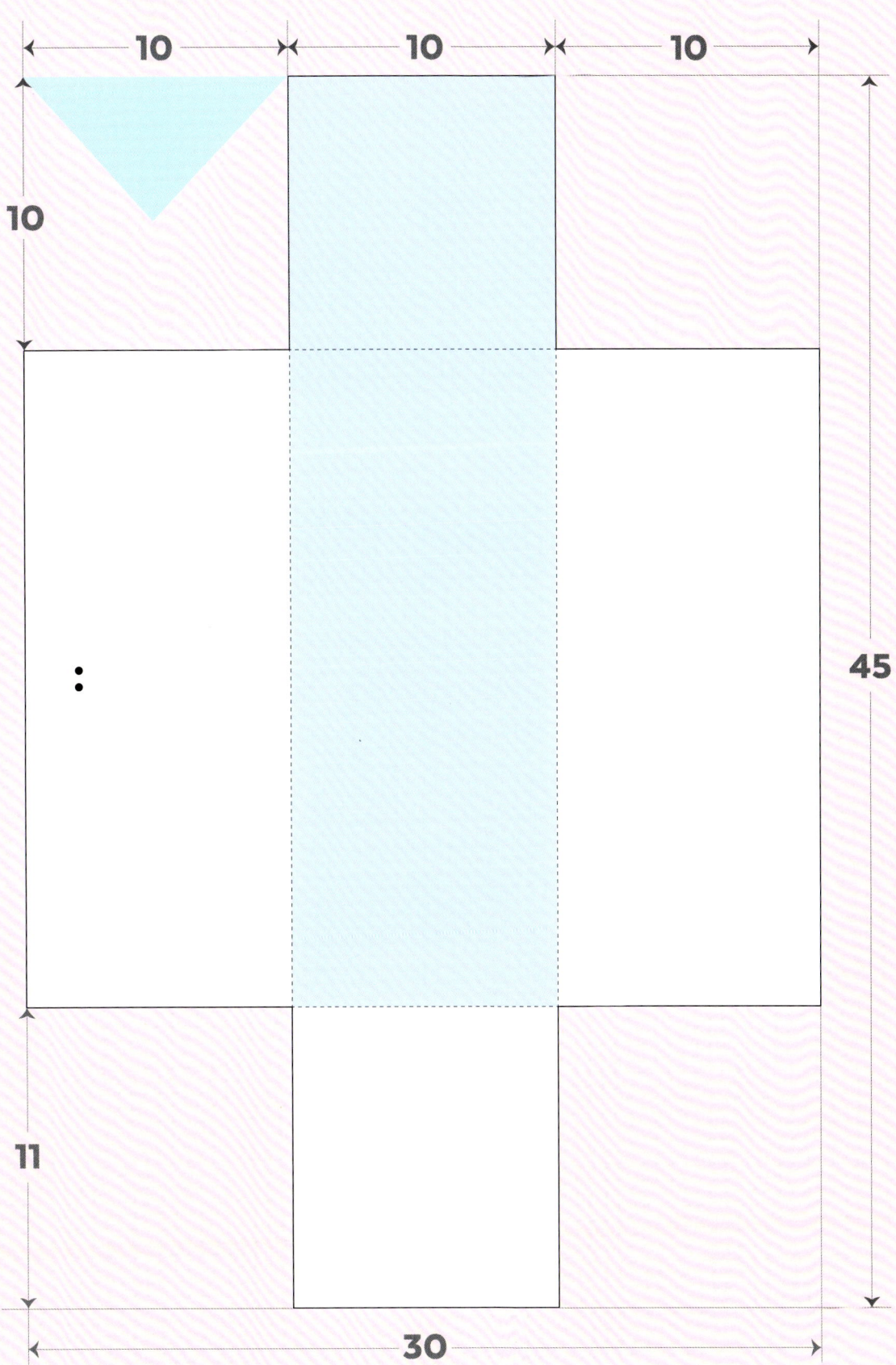

Hähnchenbrust

MIT ROSMARIN
AUF „HIMMEL UND ERDE"

Zutaten für 4 Personen

Für die Hähnchenbrust:
4 Hähnchenbrustfilets (à 150 g)
Salz · Pfeffer aus der Mühle
gemahlener Koriander
getrocknete Kräuter der Provence
4 EL Zitronenöl
einige Zweige Rosmarin
einige Stiele Minze
1 Zwiebel
ca. 2 EL Olivenöl
200 ml „Appléritif" (verperlter
    Apfelsaft; oder Apfelsekt)

Für „Himmel und Erde":
ca. 350 g mehligkochende Kartoffeln
1 TL Salz
3–4 feinsäuerliche Äpfel
    (z. B. Boskop)
2 TL Zitronensaft
etwas warme Milch
ca. 2 EL Butter

Für den Wildkräutersalat:
ca. 50 g junge Wildkräuter der
    Saison (z. B. Giersch, Löwenzahn,
    Brennnessel, Melde und Vogel-
    miere)
je ca. 50 g Rucola, Blattspinat und
    Eichblattsalat
Saft von 1–2 Zitronen
4 EL kalt gepresstes Olivenöl
ca. 1 ½ TL körniger Senf
ca. 1 ½ TL Honig
1–2 EL gehackte Petersilie
Meersalz

1 Für die Hähnchenbrust das Fleisch waschen und trocken tupfen. Mit einer Mischung aus Salz, Pfeffer, Koriander und Kräutern der Provence einreiben, auf eine Platte legen und mit dem Zitronenöl beträufeln. Den Rosmarin und die Minze waschen, trocken schütteln und auf den Filets verteilen. Das Hähnchenfleisch 2 Stunden ziehen lassen.

2 Inzwischen für „Himmel und Erde" die Kartoffeln schälen, waschen und mit etwa 90 ml Salzwasser zum Kochen bringen. Die Äpfel vierteln, schälen und entkernen. Acht Viertel in Stücke schneiden, die restlichen Apfelviertel in Scheiben schneiden, mit dem Zitronensaft beträufeln. Die Apfelstücke nach 15 Minuten zu den Kartoffeln geben und weitere 15 Minuten köcheln lassen.

3 Inzwischen für den Salat die Kräuter, den Rucola und den Spinat verlesen, waschen und trocken schütteln, von Rucola und Spinat grobe Stiele entfernen. Den Eichblattsalat putzen, waschen und trocken schleudern, in mundgerechte Stücke zupfen. Zitronensaft, Olivenöl, Senf, Honig, Petersilie und 1 Msp. Meersalz zu einem Dressing verrühren und kurz vor dem Servieren mit den Kräuter- und Salatblättern mischen.

4 Für die Hähnchenbrust die Zwiebel schälen und in Würfel schneiden. Das Olivenöl in einer Pfanne erhitzen, die Hähnchenbrustfilets mit der Zwiebel und den Kräutern auf beiden Seiten anbraten. Mit dem Appléritif ablöschen, gegebenenfalls etwas Gemüsebrühe angießen und das Fleisch etwa 15 Minuten fertig garen.

5 Die Kartoffeln und Äpfel mit dem Kartoffelstampfer zerdrücken, dabei die Milch dazugeben. Die Butter in einer Pfanne erhitzen und die Apfelscheiben darin auf beiden Seiten goldbraun braten.

6 Das Kartoffel-Apfel-Püree („Himmel und Erde") auf Teller verteilen und die Apfelscheiben darauf anrichten. Das Hähnchenfleisch in Scheiben schneiden und fächerförmig danebenlegen. Den Wildkräutersalat dazu servieren.

Hähnchenbrust

MIT KRÄUTERKRUSTE, BANDNUDELN UND ZUCKERSCHOTEN

Zutaten für 6 Personen

Für die Nudeln:
350 g Mehl
150 g Hartweizengrieß
5 Eier
Salz
3 TL getrocknete mediterrane
　Kräuter (z. B. Salbei, Rosmarin,
　Oregano, Thymian)

Für die Sauce:
2 Schalotten
3 Stiele Estragon
1 EL Olivenöl
1 Schuss Weißwein
500 g Sahne

Für Hähnchen und Kruste:
6 Hähnchenbrustfilets (à 150 g)
50 ml Olivenöl
Salz · Pfeffer aus der Mühle
2 Kugeln Mozzarella (à 125 g)
1 Handvoll Basilikumblätter
ca. 200 g gemischte Kräuter
　(z. B. Petersilie, Schnittlauch,
　Zitronenmelisse, Sauerampfer,
　Pimpinelle, Kerbel, Borretsch,
　Dill, Rucola)
100 g Weißbrot vom Vortag
100 g Butter
80 g Cashewkerne
60 g Parmesan
2 EL Öl zum Braten

Für die Zuckerschoten:
300 g Zuckerschoten
30 g Butter
Salz · Pfeffer aus der Mühle
1 EL Puderzucker

1　Am Vortag für die Nudeln das Mehl, den Grieß, die Eier, 2 TL Salz und die getrockneten Kräuter zu einem glatten Teig verkneten. Den Teig 30 Minuten ruhen lassen. Anschließend mit der Nudelmaschine zu Platten auswalzen. Die Platten in Bandnudeln schneiden und auf einem Küchentuch ausgebreitet über Nacht trocknen lassen.

2　Am nächsten Tag für die Sahnesauce die Schalotten schälen und in feine Würfel schneiden. Den Estragon waschen und trocken tupfen, die Blätter abzupfen und fein schneiden. Das Olivenöl in einem Topf erhitzen und die Schalotten darin andünsten. Mit dem Wein ablöschen und etwas einköcheln lassen. Die Sahne dazugeben und einköcheln lassen. Den Estragon unterrühren und die Sauce zugedeckt warm halten.

3　Für das Hähnchenbrustfilet das Fleisch waschen und trocken tupfen. In jedes Filet auf einer Seite eine Tasche schneiden. Das Olivenöl, Salz und Pfeffer in eine Auflaufform geben und die Filets darin marinieren. Den Mozzarella in kleine Würfel schneiden, das Basilikum fein hacken und beides vermischen. Mit Salz und Pfeffer würzen. Für die Kruste die gemischten Kräuter waschen und trocken schütteln, die Blätter abzupfen und fein schneiden. Das Weißbrot im Blitzhacker zerkleinern. Die Butter zerlassen, die Cashewkerne hacken und den Parmesan reiben. Alle Zutaten mischen und mit Salz und Pfeffer abschmecken.

4　Den Backofen auf 180 °C vorheizen. Die Hähnchenbrustfilets mit der Mozzarella-Basilikum-Mischung füllen und mit Rouladennadeln fixieren. Das Öl in einer Pfanne erhitzen und die Hähnchenbrustfilets darin bei starker Hitze auf beiden Seiten anbraten. Herausnehmen und in die Auflaufform legen. Die Kräuter-Brot-Nuss-Mischung darauf verteilen.

5　Die Sahnesauce durch ein Sieb gießen und die Hälfte neben das Fleisch in die Form gießen, die übrige Sauce beiseitestellen. Die Hähnchenbrustfilets im Ofen auf der mittleren Schiene 20 bis 25 Minuten garen.

6　Inzwischen die Zuckerschoten putzen und waschen. Die Butter in einer Pfanne erhitzen und die Zuckerschoten darin schwenken. Mit Salz und Pfeffer würzen, mit dem Puderzucker bestäuben und karamellisieren. Die Bandnudeln in kochendem Salzwasser 4 bis 5 Minuten garen, in ein Sieb abgießen und abtropfen lassen.

7　Die Hähnchenbrustfilets aus dem Ofen nehmen, in Scheiben schneiden und auf Teller verteilen. Die Nudeln und die Zuckerschoten daneben anrichten und die übrige Sauce über die Nudeln geben.

Kalbsschäufele

MIT SPARGELRAGOUT UND KARTOFFELGRATIN

Zutaten für 4 Personen

Für das Schäufele:
½ Kalbsschäufele (Kalbsschulter mit
    Knochen; der Länge nach vom
    Metzger halbieren lassen; 3–4 kg)
1 Möhre
½ Stange Lauch
2 Zwiebeln
Butterschmalz
Salz · Pfeffer aus der Mühle
1 EL Tomatenmark
ca. ¼ l Silvaner (ersatzweise
    anderer Weißwein)
ca. 1 l Kalbsfond

Für das Gratin:
500 g festkochende Kartoffeln
1 Zweig Thymian
100 ml Milch
150 g Sahne
frisch geriebene Muskatnuss
Salz · Pfeffer aus der Mühle

Für das Ragout:
1 kg weißer Spargel
Salz
Saft von 1 Zitrone
1 EL Öl
Pfeffer aus der Mühle
1–2 EL kalte Butter (oder
    Crème fraîche nach Belieben)
1 Bund Schnittlauch

1 Für das Schäufele den Backofen auf 180 °C vorheizen. Von der Kalbsschulter die Silberhaut entfernen. Die Gemüse putzen und waschen bzw. schälen und in feine Würfel schneiden.

2 Das Butterschmalz in einer Pfanne erhitzen und das Fleisch darin rundum anbraten. In einen Bräter geben und mit Salz und Pfeffer würzen. Die Gemüse in der Pfanne im übrigen Bratfett anbraten. Das Tomatenmark dazugeben und kurz mitrösten. Mit Wein und Fond ablöschen, etwas einköcheln lassen und zum Fleisch geben. Den Bräter verschließen und das Schäufele etwa 2 ½ Stunden garen. Dann die Ofentemperatur auf 200 °C erhöhen und das Schäufele ohne Deckel weitere 30 Minuten garen. Das Fleisch warm stellen. Die Sauce einköcheln lassen und abschmecken.

3 Für das Gratin die Kartoffeln schälen, in Scheiben hobeln und in eine ofenfeste Form schichten. Den Thymian waschen, trocken tupfen und die Blättchen abzupfen. Die Milch mit der Sahne, dem Thymian und den Gewürzen verquirlen und über die Kartoffeln gießen. Die Form mit Alufolie bedecken und das Gratin bei 180 °C etwa 1 Stunde garen. Die Folie entfernen und das Gratin offen etwa 30 Minuten weitergaren.

4 Für das Ragout den Spargel schälen und die holzigen Enden abschneiden. Den Spargel schräg in Stücke schneiden und in kochendem Salzwasser mit dem Zitronensaft etwa 2 Minuten blanchieren. Den Topf von der Herdplatte nehmen und den Spargel im Sud etwa 30 Minuten ziehen lassen. In ein Sieb abgießen.

5 Das Öl in einem Topf erhitzen und den Spargel darin kurz dünsten, mit Salz und Pfeffer würzen. Die kalte Butter kräftig unterrühren, bis die Sauce gut bindet. Den Schnittlauch waschen, trocken tupfen und in Röllchen schneiden. Das Spargelragout damit bestreuen.

6 Das Kalbsschäufele vom Knochen lösen und in Scheiben schneiden. Mit der Sauce, dem Kartoffelgratin und dem Spargelragout anrichten. Nach Belieben mit geviertelten Cocktailtomaten und angebratenem grünem Spargel garnieren.

Kalbsschnitzel

IN KRÄUTERHÜLLE
MIT SPITZKOHL UND KARTOFFELGRATIN

Zutaten für 6 Personen

Für das Gratin:
2 kg festkochende Kartoffeln
Kokosöl für die Form
1 Knoblauchzehe
1 kg Sahne
Salz · Pfeffer aus der Mühle
frisch geriebene Muskatnuss
300 g geriebener Sommerkäse
  (ersatzweise Mai-Gouda)

Für die Schnitzel:
4 Eier
Salz · Pfeffer aus der Mühle
ca. 1 Tasse gehackte Kräuter
  (z. B. Petersilie, Basilikum o. ä.)
6 Kalbsschnitzel (à ca. 200 g)
Mehl zum Bestäuben
Kokosöl

Für den Spitzkohl:
1 Spitzkohl (ca. 1 kg)
1 haselnussgroßes Stück Ingwer
Kokosöl
Salz · Pfeffer aus der Mühle

1 Für das Gratin den Backofen auf 160 °C vorheizen. Die Kartoffeln schälen, waschen und in dünne Scheiben schneiden. Eine ofenfeste Form mit Kokosöl einfetten und die Kartoffeln einschichten.

2 Den Knoblauch schälen und durch die Knoblauchpresse in die Sahne drücken. Die Sahne mit Salz, reichlich Pfeffer und Muskatnuss verrühren. Die Sahne über die Kartoffeln gießen und den Käse daraufstreuen. Das Gratin im Ofen auf der mittleren Schiene 1 Stunde backen.

3 Inzwischen für die Kalbsschnitzel die Eier mit Salz und reichlich Pfeffer verquirlen. Die Kräuter untermischen. Die Kalbsschnitzel mit Mehl bestäuben und in der Mischung wenden.

4 Das Kokosöl in einer Pfanne erhitzen und die Schnitzel zügig darin von beiden Seiten 2 bis 3 Minuten braten, dabei die restliche Eiermasse auf die Schnitzel gießen.

5 Für den Spitzkohl den Spitzkohl vierteln und in kleine Stücke schneiden. Den Ingwer schälen und ebenfalls klein schneiden. Das Öl im Wok erhitzen und den Kohl und den Ingwer darin 2 bis 3 Minuten schwenken. Mit Salz und Pfeffer abschmecken. Die Schnitzel mit dem Gratin und dem Spitzkohl anrichten.

Holzfällersteak

MIT
GEBRATENEM SPARGEL

Zutaten für 4 Personen

Für die Kräuterbutter:
1 Zwiebel
1 Knoblauchzehe
1 Zweig Thymian
je 3 Stiele Oregano, Estragon und
	Petersilie
einige Schnittlauchhalme
175 g Butter
Salz

Für die Steaks:
800 g Rinderfilet oder Roastbeef
Salz
30 g Butterschmalz
Pfeffer aus der Mühle

Für den Salat:
½ Kopfsalat
1 Bund Radieschen
1 Bund Frühlingszwiebeln
1 kleine Salatgurke
1 rote Paprikaschote
2 EL Essig · 1 EL Öl
1 TL mittelscharfer Senf
2 TL Honig · Salz
Pfeffer aus der Mühle
Zucker

Für die Zwiebelringe:
3 – 4 Zwiebeln
Mehl · Öl zum Ausbacken

Für den Spargel:
800 g weißer und grüner Spargel
Butter zum Braten
Salz · Pfeffer aus der Mühle
2 EL Crème fraîche

1 Am Vortag für die Kräuterbutter die Zwiebel und den Knoblauch schälen und in grobe Würfel schneiden. Die Kräuter waschen und trocken schütteln, die Blätter abzupfen. Zwiebel, Knoblauch und Kräuter im Mixer sehr fein zerkleinern. Die Butter und etwas Salz untermixen. Die Kräuterbutter in einen Spritzbeutel geben und auf einen großen Teller Rosetten spritzen. Zugedeckt über Nacht kühl stellen.

2 Am nächsten Tag für die Steaks das Fleisch mindestens 30 Minuten vor dem Braten aus dem Kühlschrank nehmen. In 4 je 2 bis 3 cm dicke Stücke schneiden. Die Fleischstücke auf beiden Seiten mit Salz würzen und bis zur Verwendung zugedeckt bei Zimmertemperatur ruhen lassen.

3 Für den Salat den Kopfsalat waschen, trocken schleudern und in kleine Stücke zupfen. Die Radieschen und die Frühlingszwiebeln putzen und waschen, die Gurke waschen, die Paprika längs halbieren, entkernen und waschen. Alle Gemüse klein schneiden. Für das Dressing Essig, Öl, Senf, Honig, ½ TL Salz, etwas Pfeffer und Zucker mit 100 ml Wasser verrühren. Das Dressing bis zur Verwendung kühl stellen.

4 Für die Zwiebelringe die Zwiebeln schälen, in Ringe schneiden und mit etwas Mehl vermischen. Das Öl in einem großen Topf erhitzen. Es ist heiß genug, wenn sich an einem hineingehaltenen Holzlöffelstiel Blasen bilden. Die Zwiebelringe im Öl ausbacken. Mit dem Schaumlöffel herausheben und auf Küchenpapier abtropfen lassen.

5 Für den Spargel den Spargel waschen, grünen Spargel im unteren Drittel schälen, weißen Spargel ganz schälen. Die holzigen Enden jeweils abschneiden und die Stangen schräg in Stücke schneiden.

6 Den Backofen auf 180 °C vorheizen. Das Butterschmalz in einer Pfanne stark erhitzen und die Steaks darin auf jeder Seite 1 Minute anbraten. Mit Pfeffer würzen, einzeln in Alufolie wickeln und im Ofen etwa 15 Minuten garen. (Wenn man eine niedrigere Ofentemperatur wählt, wird das Fleisch zarter, muss allerdings auch etwas länger im Ofen bleiben.)

7 Inzwischen für den Spargel die Butter in einer Pfanne erhitzen und den Spargel darin bissfest braten. Mit Salz und Pfeffer würzen und die Crème fraîche unterrühren. Den Spargel mit Steaks, Zwiebelringen und Kräuterbutter auf Tellern anrichten und sofort servieren. Den Salat mit dem Dressing mischen und dazu reichen.

Rinderfilet

MIT KÄSEKRUSTE, GEMÜSE UND BRENNNESSELSPÄTZLE

Zutaten für 4 Personen

Für das Rinderfilet:
ca. 800 g Rinderfilet
Salz · Pfeffer aus der Mühle
2 EL Öl
Butter für die Form
4 Scheiben Toastbrot
125 ml Milch
1 Knoblauchzehe
1 kleine Zwiebel
1 EL gehackte Petersilie
1 EL Schnittlauchröllchen
200 g Frischkäse
100 g geriebener Bergkäse
50 g zerlassene Butter
125 ml Rotwein

Für die Brennnesselspätzle:
40 g Brennnesselblätter
400 g Mehl
6 Eier
Salz
3 EL Butter

Für das Gemüse:
ca. 250 g Möhren
ca. 250 g Zuckerschoten
Salz
1 Schuss Sahne
2 EL Butter
1 EL Honig
1 TL Senf

1 Für das Rinderfilet das Fleisch in 3 bis 4 cm dicke Scheiben schneiden und mit Salz und Pfeffer würzen. Das Öl in einer Pfanne erhitzen und das Fleisch darin auf beiden Seiten etwa 3 Minuten anbraten. Nebeneinander in eine gefettete Auflaufform geben.

2 Den Backofen auf 220 °C vorheizen. Das Toastbrot in Würfel schneiden und die Milch darübergießen. Den Knoblauch schälen und durch die Presse dazudrücken. Die Zwiebel schälen, in feine Würfel schneiden und dazugeben. Die Kräuter, den Frischkäse, den Käse und die Butter hinzufügen und alles gut vermischen. Mit Salz und Pfeffer abschmecken. Die Masse auf dem Fleisch verteilen. Mit dem Wein übergießen und im Ofen auf der mittleren Schiene 15 bis 20 Minuten überbacken.

3 Für die Brennnesselspätzle die Brennnesselblätter in knapp 100 ml Wasser etwa 5 Minuten garen. Brennnesseln abgießen, abtropfen lassen und mit dem Stabmixer pürieren. Das Püree abkühlen lassen und mit dem Mehl, den Eiern, 125 ml Wasser und Salz mit den Knethaken des Handrührgeräts verkneten.

4 Für das Gemüse die Möhren und die Zuckerschoten putzen und schälen bzw. waschen. Die Möhren gleichmäßig in 5 cm große Stifte schneiden und in kochendem Salzwasser mit der Sahne etwa 5 Minuten garen. Die Zuckerschoten dazugeben und weitere 5 Minuten garen. In ein Sieb abgießen und kalt abschrecken.

5 Die Butter, den Honig, den Senf und 2 EL Wasser in einem Topf erhitzen. Das Gemüse dazugeben und kurz andünsten.

6 Für die Spätzle den Teig portionsweise mit dem Spätzlehobel in kochendes Salzwasser hobeln. Sobald die Spätzle oben schwimmen, mit dem Schaumlöffel herausnehmen und abtropfen lassen. Die Butter in einer Pfanne erhitzen und die Spätzle darin schwenken.

7 Das Rinderfilet auf dem Gemüse anrichten und die Brennnesselspätzle dazu servieren.

Limousinfilet

MIT SPINATSALAT
UND KARTOFFEL-GIERSCH-PÜREE

Zutaten für 6 Personen

Für das Fleisch:
2 EL Butterschmalz
1 Rinderfilet (ca. 1,2 kg; z.B. vom
  Limousinrind)
Salz · Pfeffer aus der Mühle

Für das Ragout:
300 g Schalotten · 2 Möhren (200 g)
50 g Butter · 1 EL Zucker
100 ml dunkler Kalbsfond
2 Tomaten
Salz · Pfeffer aus der Mühle

Für die Sauce:
150 g Zwiebeln · 2 TL Zucker
1 TL Tomatenmark · 150 ml Rotwein
200 ml dunkler Kalbsfond
1 Zweig Rosmarin · 1 Stück Ingwer
2 EL Aceto balsamico · 1 TL Rosa
Pfefferbeeren · 50 g kalte Butter

Für das Püree:
1 kg mehligkochende Kartoffeln
Salz · 2 Handvoll Giersch
300–400 ml Milch · 20 g Butter
Pfeffer aus der Mühle

Für den Salat:
150 g Blattspinat · 50 g Rucola
50 g braune Champignons
150 g Cocktailtomaten
6 EL Olivenöl · 1 TL geriebener
Ingwer · 2 EL Honig
Saft von 1 ½ Limetten
Salz · Pfeffer aus der Mühle
6 Schnittlauchblüten (ersatzweise
  z.B. Veilchen- oder Gänseblümchenblüten)

1 Für das Fleisch den Backofen auf 85 °C vorheizen. Das Schmalz in einer Pfanne erhitzen und das Filet darin auf allen Seiten kräftig anbraten. In eine ofenfeste Form legen und 2 bis 2 ½ Stunden im Ofen auf der mittleren Schiene garen. Die Pfanne mit dem Bratensatz beiseitestellen.

2 Für das Schalottenragout die Schalotten schälen und vierteln. Die Möhren putzen, schälen und in Würfel schneiden. Die Butter in einem Topf erhitzen und Schalotten und Möhren darin anschwitzen. Den Zucker darüberstreuen und karamellisieren. Mit dem Fond ablöschen und bei schwacher Hitze etwa 30 Minuten sämig schmoren. Zwischendurch umrühren, damit nichts ansetzt. Inzwischen die Tomaten kreuzweise einritzen, überbrühen, häuten, vierteln und entkernen. Das Fruchtfleisch in Würfel schneiden und unter das Ragout rühren. Mit Salz und Pfeffer abschmecken und aufkochen lassen.

3 Für die Balsamicosauce die Zwiebeln schälen und in Würfel schneiden. Den Bratensatz vom Filet in der Pfanne erhitzen und die Zwiebeln darin anbraten. Zucker und Tomatenmark dazugeben und kurz anschwitzen. Mit dem Wein ablöschen und den Fond dazugießen. Rosmarin und Ingwer in Scheiben hinzufügen und die Sauce auf die Hälfte einkochen lassen. Rosmarin und Ingwer wieder entfernen, Essig und Pfefferbeeren zur Sauce geben. Die kalte Butter in Stückchen unterschlagen.

4 Für das Kartoffel-Giersch-Püree die Kartoffeln schälen, waschen und in Salzwasser weich garen. Inzwischen den Giersch mit wenig Wasser aufkochen und etwa 10 Minuten garen. Die Kartoffeln abgießen und zerstampfen. Mit der Milch und der Butter ein Püree herstellen und mit Salz abschmecken. Den Giersch mit dem Stabmixer zerkleinern und unter das Kartoffelpüree ziehen, mit Salz und Pfeffer abschmecken.

5 Für den Spinatsalat den Spinat und den Rucola verlesen, waschen und trocken schleudern, grobe Stiele entfernen. Die Pilze putzen, falls nötig, trocken abreiben, und in Scheiben schneiden. Die Tomaten waschen und halbieren. Das Olivenöl, den Ingwer, den Honig und den Limettensaft zu einem Dressing verrühren und mit Salz und Pfeffer abschmecken.

6 Die Salatzutaten auf Tellern anrichten, die Schnittlauchblüten zwischen den Fingern zerreiben und daraufstreuen. Die Salatsauce darüberträufeln. Das Filet mit Salz und Pfeffer würzen und in Scheiben schneiden, diese mit grobem Pfeffer aus der Mühle würzen. Das Püree auf Teller verteilen, das Schalottenragout daneben anrichten und das Fleisch daraufgeben. Die Sauce daneben anrichten.

Rinderroulade

MIT WALNÜSSEN, KARTOFFEL-KRÄUTER-ROLLE
UND KARAMELLISIERTEN MÖHREN

Zutaten für 4 Personen

Für die Sauce:
2 Möhren · ½ Stange Lauch
1 Zwiebel · 6 EL Rinderfond

Für die Rouladen:
je ½ Bund Petersilie und Basilikum
200 g Walnusskerne
Salz · Pfeffer aus der Mühle
3 EL Basilikumpesto
4 Rinderfiletrouladen
Rapsöl zum Braten

Für das Gemüse:
600 g Möhren
Butter zum Braten · ½ TL Zucker
100 ml Gemüsebrühe

Für die Kartoffel-Kräuter-Rolle:
500 g mehligkochende
Kartoffeln · Salz
1 EL Speisequark · 1 Eigelb
25 g weiche Butter
Mehl nach Bedarf
80 g gemischte, fein gehackte
 Kräuter nach Geschmack (z. B.
 Wildkräuter: je 8 Blätter Giersch,
 Spitzwegerich und junger Löwenzahn; 2 Blätter Gundermann;
 10 Gänseblümchenblüten)
1 Eiweiß zum Pürieren
3 EL Pinienkerne (nach Belieben)
Butter für Folie und zum Braten

Für die Basilikumcreme:
6 EL Mascarpone
1 EL Basilikumpesto
Salz · Pfeffer aus der Mühle
Basilikumblätter zum Garnieren

1 Für die Sauce Möhren, Lauch und Zwiebel putzen und waschen bzw. schä-len. Alles in Würfel schneiden.

2 Für die Rouladen die Kräuter waschen, trocken schütteln und die Blätter abzupfen. Kräuterblätter und Walnüsse fein hacken. Mit Salz und Pfeffer würzen und das Pesto unterrühren. Die Fleischscheiben dünn mit der Kräu-terpaste bestreichen, aufrollen und in der Pfanne in etwas Öl anbraten. Aus der Pfanne nehmen und mit dem Gemüse für die Sauce in einen Dampf-drucktopf geben, etwa 700 ml Wasser dazugießen und alles etwa 6 Minuten ziehen lassen. Die Pfanne mit dem Bratensatz beiseitestellen.

3 Die Rouladen aus dem Topf nehmen. Das Gemüse mit dem Stabmixer pürieren. Den Bratensaft in der Pfanne mit dem Rinderfond ablöschen und aufkochen, mit dem pürierten Gemüse mischen und gegebenenfalls etwas nachwürzen.

4 Für das Gemüse die Möhren putzen, schälen, quer halbieren und in Stifte schneiden. In etwas Butter andünsten und mit dem Zucker bestreuen. Die Möhren rundum goldbraun karamellisieren. Die Brühe dazugießen und die Möhrenstifte bissfest garen.

5 Für die Kartoffel-Kräuter-Rolle die Kartoffeln schälen, waschen und in Salzwasser weich garen. Noch heiß durch die Kartoffelpresse drücken und auf der Arbeitsfläche auskühlen lassen.

6 Die Kartoffeln mit Quark, Eigelb, Butter und ½ TL Salz glatt rühren. Zu-letzt so viel Mehl einarbeiten, bis ein glatter, nicht zu fester Teig entsteht, der nicht mehr klebt. Den Teig auf der bemehlten Arbeitsfläche etwa 1 cm dick ausrollen. Die Kräuter mit dem Eiweiß mit dem Stabmixer pürieren und deckend auf den Kartoffelteig streichen. Nach Belieben Pinienkerne darauf-streuen. Den Teig zu einer dünnen Roulade aufrollen, darauf achten, dass keine Hohlräume entstehen. Die Rolle in gebutterte Alufolie einschlagen und diese dicht verschließen (es darf kein Wasser in die Rolle gelangen). Die Rolle in köchelndem Salzwasser etwa 20 Minuten ziehen lassen.

7 Die Kartoffelrolle herausnehmen, auskühlen lassen und in Scheiben schneiden. Die Scheiben in einer Pfanne in Butter goldgelb braten.

8 Für die Basilikumcreme den Mascarpone mit Pesto, Salz und Pfeffer ver-mischen und in einen Spritzbeutel füllen. Rouladen, Gemüse und Kartof-fel-Kräuter-Scheiben auf Tellern anrichten. Etwas Basilikumcreme auf die Teller spritzen. Mit Basilikumblättern garnieren.

Kraut vergeht nicht!

(WILD-)KRÄUTER VERSORGEN UNS NACH EINEM LANGEN WINTER MIT WICHTIGEN VITAMINEN UND BRINGEN ENDLICH FRISCHES GRÜN IN DIE KÜCHE. SAMMELN SIE UNBEDINGT AUF DER UNGEDÜNGTEN WIESE FERNAB VON STRASSEN UND VERKEHR!

Löwenzahnpesto

50 g Sesamsamen in einer Pfanne ohne Fett kurz anrösten und beiseitestellen. *100 g junge Löwenzahnblätter* waschen, trocken schleudern und grob schneiden. *3 Knoblauchzehen* schälen und mit dem Löwenzahn und *150 ml Olivenöl* im Blitzhacker fein pürieren. Mit *Salz* und *Pfeffer* würzen. Mit *50 g geriebenem Bockshornkleekäse* und den gerösteten Sesamsamen mischen. In ein heiß ausgespültes Glas füllen, Deckel aufschrauben und im Kühlschrank aufbewahren.

Beate Schaller

Brennnesselpesto

In einem großen Topf reichlich Wasser aufkochen. *200 g junge Brennnesselblätter* waschen und darin etwa 20 Sekunden blanchieren. Die Blätter vorsichtig herausheben und einige Sekunden kalt abschrecken, dann trocken tupfen. *50 g Sonnenblumenkerne* in einer Pfanne ohne Fett anrösten. Die Kerne im Mörser grob zerkleinern, herausnehmen. Die Brennnesselblätter im Mörser zu einer Paste zerdrücken. Langsam etwa *100 ml Olivenöl* dazulaufen lassen und kräftig weiterrühren. *60 g frisch geriebenen Pecorino oder Parmesan* unterrühren, die Sonnenblumenkerne dazugeben und das Pesto mit *Salz* und *Pfeffer* würzen. In ein heiß ausgespültes Glas füllen, Deckel aufschrauben und im Kühlschrank aufbewahren. Ein tolles Mitbringsel zu Frühlingspartys!

Wiebke Brinkmann-Roitsch

Petersilienpesto

*80 g **Petersilie** waschen und trocken schütteln.
Die Blätter abzupfen und mit ½ **TL Salz**, 120 **ml Olivenöl**,
2 **EL Pinienkernen** und 50 g **Parmesan** in groben Stücken
im Blitzhacker oder im Mörser zu einem cremigen Pesto
verarbeiten. Das Pesto mit **Salz** und **Pfeffer** würzen.
In ein heiß ausgespültes Glas füllen, gut verschließen und
im Kühlschrank aufbewahren.*

Agnes Böcker

Rucola-Weichkäse

Für den Käse **5 l Milch** auf 33 °C erwärmen, **2 ml mit Wasser verdünntes Lab** dazugeben und zugedeckt ca. 30 Minuten ziehen lassen. **1 Handvoll Rucola** waschen, trocken schütteln und klein schneiden, grobe Stiele entfernen. Wenn die Milch zu stocken beginnt, die Masse in walnussgroße Stücke schneiden. Die Molke absetzen lassen und abgießen. Die Masse im heißen Wasserbad auf ca. 37 °C erwärmen. Den Käsebruch mit den Fingern ständig in Bewegung halten. Nach 30 Minuten die Molke vorsichtig abgießen. Rucola und **50 g Salz** untermischen und den Bruch in Förmchen mit kleinen Löchern füllen, damit die Molke abfließen kann. Den Käse nach 10 Minuten wenden und mindestens 5 Stunden kühl stellen.

Hilde Rasch

„Zu Unrecht ist Giersch ein gefürchtetes Unkraut. Wenn man ihn für Salat, Suppe, Brot, Aufstrich oder Pesto immer wieder abzupft, bekommt man ihn in den Griff. Er enthält mehr Vitamine und Mineralstoffe als jeder Salat!"

Irmi Kinker

Brennnesselchips

*Für die Chips 1 **Handvoll große, junge Brennnesselblätter** waschen und trocken tupfen. **1 Ei** mit **3 EL Mehl, Salz** und **Pfeffer** in einer Schüssel verquirlen. Unter Rühren ½ **Tasse Bier** dazugeben, bis eine recht flüssige Bier-Mehl-Sauce entsteht. In eine Pfanne **etwa 1 bis 2 cm hoch Öl** füllen und erhitzen. Die Brennnesselblätter nacheinander durch den Bierteig ziehen und im Öl knusprig frittieren. Auf Küchenpapier entfetten.*

Wiebke Brinkmann-Roitsch

„Wildes" Kräutersalz

***Etwa 300 g gemischte Frühlingskräuter**, z. B. Petersilie, Schnittlauch, Kerbel, Sauerampfer, Pimpinelle, Borretsch und Zitronenmelisse, waschen und trocken schleudern. Grobe Stiele entfernen. Die Kräuter klein schneiden, nebeneinander auf ein Backblech legen und großzügig mit **Salz** bestreuen. Im leicht geöffneten Backofen (Holzlöffel einklemmen) bei 50 °C etwa 2 Stunden trocknen lassen, gegebenenfalls länger. Nach Belieben die getrockneten Kräuter mit dem Salz im Blitzhacker fein zerkleinern. Das Kräutersalz in verschließbare Gläser füllen. Im Sommer ist eine Variante mit Rosmarin, Thymian, Salbei, Oregano oder Bohnenkraut toll. Das Kräutersalz passt hervorragend zu gegrilltem Fleisch und Fisch, aber auch zu mediterranem Gemüse.*

Christiane Thees

Lammkoteletts

MIT GIERSCH, PAPRIKAGEMÜSE UND ROSMARINKARTOFFELN

Zutaten für 4 Personen

Für das Fleisch und die Sauce:
12 Lammkoteletts (à 50 – 70 g)
3 EL Öl
Salz · Pfeffer aus der Mühle
2 Knoblauchzehen
500 g Lammknochen
100 g Suppengrün
1 – 2 EL Tomatenmark
125 ml Rotwein
300 ml Lammfond
1 EL Butterschmalz
1 TL Speisestärke
2 EL kalte Butter
je 1 EL gehackte Petersilie und
    Thymian
Zucker

Für die Rosmarinkartoffeln:
500 g festkochende Kartoffeln
Salz
2 Zweige Rosmarin
2 EL Butterschmalz
Pfeffer aus der Mühle

Für das Gemüse:
je 1 kleine rote und gelbe
    Paprikaschote
1 EL Öl
4 EL Butter
Salz · Pfeffer aus der Mühle
Zucker
200 g Giersch
3 Schalotten
1 Knoblauchzehe
50 ml Gemüsebrühe
je 1 TL gehackter Rosmarin
    und Thymian

1 Für die Lammkoteletts das Fleisch waschen, trocken tupfen und die Knochen frei schaben. In einer Schüssel 2 EL Öl mit Salz und Pfeffer verrühren. Den Knoblauch schälen und dazupressen. Die Koteletts mit der Marinade bestreichen, kühl stellen und 1 Stunde ziehen lassen.

2 Für die Lammsauce den Backofen auf 200 °C vorheizen. Die Knochen klein hacken, auf einem mit Backpapier belegten Backblech verteilen und im Ofen auf der mittleren Schiene 1 Stunde rösten.

3 Inzwischen das Suppengrün putzen und waschen bzw. schälen und in kleine Würfel schneiden. Das restliche Öl in einem Topf erhitzen und das Gemüse darin andünsten. Das Tomatenmark unterrühren und kurz mitrösten. Mit dem Wein ablöschen und etwas einköcheln lassen. Die Knochen hinzufügen, den Fond angießen und alles 1 Stunde köcheln lassen.

4 Für die Rosmarinkartoffeln die Kartoffeln schälen, waschen und in etwa 1 cm große Würfel schneiden. In kochendem Salzwasser blanchieren, in ein Sieb abgießen und gut abtropfen lassen. Den Rosmarin waschen, trocken tupfen und die Nadeln abstreifen. Die Kartoffeln trocken tupfen und mit dem Rosmarin in Butterschmalz 5 bis 10 Minuten goldbraun braten. Mit Salz und Pfeffer würzen.

5 Für das Gemüse die Paprikaschoten längs halbieren, entkernen, waschen und in Rauten schneiden. Das Öl und 2 EL Butter in einem Topf erhitzen und die Paprikaschoten darin andünsten. Mit Salz, Pfeffer und 1 Prise Zucker würzen und zugedeckt etwa 10 Minuten garen.

6 Den Giersch waschen, trocken schleudern und die Blätter abzupfen. Die Schalotten schälen und in feine Ringe schneiden. Knoblauch schälen und in feine Würfel schneiden. In einem Topf die restliche Butter zerlassen und die Schalotten und den Knoblauch darin andünsten. Giersch dazugeben, mit Brühe ablöschen und etwa 5 Minuten garen. Mit Salz, Pfeffer, Rosmarin und Thymian abschmecken.

7 Den Backofen auf 80 °C vorheizen. Das Butterschmalz in einer Pfanne erhitzen, die Koteletts darin auf beiden Seiten 3 Minuten braten und im Ofen warm stellen. Die Lammsauce durch ein feines Sieb streichen und auf etwa 200 ml einkochen lassen. Mit der kalt angerührten Speisestärke binden, dann die kalte Butter unterrühren und die Sauce mit den Kräutern, Salz, Pfeffer und Zucker abschmecken.

8 Die Lammkoteletts mit der Sauce, dem Giersch- und dem Paprikagemüse und den Rosmarinkartoffeln anrichten.

„Versteckter Hase"

MIT KARTOFFELTÖRTLA
UND KÄSECHIPS

Zutaten für 4 Personen

Für die Käsechips:
100 g Ebrachtaler (oder Tilsiter)

Für den „Versteckten Hasen":
2 Semmeln (vom Vortag)
2 kleine Zwiebeln
1 Bund Petersilie
3 EL Butter
je ½ rote und gelbe Paprikaschote
750 g Rinderhackfleisch
250 g Schweinehackfleisch
Salz · Pfeffer aus der Mühle
frisch geriebene Muskatnuss
½ TL getrockneter Majoran
1 TL Currypulver
3 Eier
150 g Hirtenkäse (Salzlakenkäse
    aus Kuhmilch)
2 EL Öl
1 Zwiebel
1 Möhre
50 g Knollensellerie
½ Stange Lauch
1 Tomate
1 Petersilienwurzel
100 g Sahne

Für die Kartoffeltörtla:
ca. 1 kg mehligkochende Kartoffeln
Salz
2 Möhren
4 EL Butter
Zucker
80 g Mangold
80 g Erbsen
¼–⅜ l Milch
frisch geriebene Muskatnuss

1 Für die Käsechips den Backofen auf 200 °C vorheizen. Den Käse grob reiben und portionsweise auf einem mit Backpapier belegten Backblech verteilen. Im Ofen etwa 15 Minuten goldbraun backen.

2 Die Semmeln in Wasser einweichen. Die Zwiebeln schälen und in feine Würfel schneiden. Die Petersilie waschen, trocken schütteln. Die Blätter abzupfen und fein hacken. Die Butter in einer Pfanne erhitzen und die Zwiebeln darin andünsten. Die Hälfte der Petersilie dazugeben und kurz mitdünsten.

3 Paprikaschoten entkernen, waschen und klein würfeln. Hackfleischsorten in eine Schüssel geben, Zwiebeln und Paprika hinzufügen. Mit Salz, Pfeffer, Muskatnuss, Majoran, Currypulver und restlicher Petersilie würzen. Ausgedrückte Semmeln und Eier dazugeben, alles gut durchkneten.

4 Den Ofen auf 220 °C vorheizen. Den Käse in Scheiben schneiden. Die Hälfte der Hackfleischmasse auf einer Frischhaltefolie (ca. 25 × 25 cm) verteilen. Mittig die Hälfte der Käsescheiben darauflegen. Alles mithilfe der Folie zu einer Rolle formen und in den mit Öl gefetteten Bräter legen. Mit restlichem Hackfleisch und Käse genauso verfahren. Das Gemüse putzen und schälen bzw. waschen und in kleine Würfel schneiden. Zum Braten in den Bräter geben und im Ofen 45 bis 50 Minuten garen. Etwa 300 ml Wasser angießen.

5 Inzwischen für die Kartoffeltörtla die Kartoffeln schälen, waschen und in einem Topf mit Salzwasser 20 Minuten weich garen. Die Möhren putzen, waschen und in Scheiben schneiden. In 1 EL Butter und etwas Wasser 5 bis 6 Minuten dünsten. Mit Salz und 1 Prise Zucker würzen. Mangold putzen, waschen, in Stücke schneiden. In 1 EL Butter und etwas Salzwasser etwa 4 Minuten dünsten. Herausnehmen, abtropfen lassen. 1 EL Butter erhitzen und die Erbsen darin mit etwas Salzwasser 3 bis 4 Minuten dünsten.

6 Braten aus dem Ofen nehmen, auf eine Platte legen und zudecken. Bratensatz in einem Topf aufkochen und nach Belieben mit Stärke binden. Sahne unterrühren. Die Sauce mit Salz und Pfeffer abschmecken und pürieren.

7 Die Kartoffeln in ein Sieb abgießen, kurz ausdampfen lassen und heiß durch die Kartoffelpresse in eine Schüssel drücken. Die Milch mit übriger Butter erhitzen, mit Muskatnuss und Salz würzen und mit dem Schneebesen unter die Kartoffelmasse rühren. In einen großen Spritzbeutel füllen.

8 Ein Viertel der Möhren überlappend in einen Metallring legen. Abwechselnd 1 Schicht Kartoffelbrei, Mangold, Kartoffelbrei und Erbsen darauf verteilen, mit Kartoffelbrei abschließen. Den Braten mit Sauce, Törtla, Käsechips und nach Belieben Wildkräutersalat servieren.

Krustenbraten

MIT HONIG-BIER-SAUCE, HERZOGINKARTOFFELN UND MÖHRENSTIFTCHEN

Zutaten für 4 Personen

Für den Braten und die Sauce:
300 g Möhren
200 g Knollensellerie
1 Stange Lauch
3 Zwiebeln
ca. 1,2 kg Schweineschinkenbraten
    mit Schwarte
Salz · bunter Pfeffer aus der Mühle
3 EL Schweineschmalz
1 TL Zucker
3 EL Tomatenmark
je 2 Zweige Rosmarin und Thymian
ca. ½ l Fleisch- oder Gemüsebrühe
125 ml dunkles Bier
4 EL Honig

Für die Herzoginkartoffeln:
Salz
1 kg mehligkochende Kartoffeln
80 g Kräuterbutter
2 EL Mehl
2 Eier
2 Eigelb
frisch geriebene Muskatnuss

Für die Möhrenstiftchen:
500 g Möhren
3 EL Butter
125 ml Gemüsebrühe
Salz · Pfeffer aus der Mühle
Zucker

1 Für den Krustenbraten die Möhren und den Sellerie putzen und schälen, den Lauch putzen und waschen, die Zwiebeln schälen. Das Gemüse grob in Würfel schneiden. Den Schweinebraten mit Salz und Pfeffer würzen und die Schwarte mit einem scharfen Messer rautenförmig einritzen.

2 Den Backofen auf 160 °C vorheizen. Das Schweineschmalz in einem Bräter erhitzen und den Braten darin auf der Fleischseite anbraten. Das Gemüse dazugeben, kurz mitbraten und mit dem Zucker bestreuen. Das Tomatenmark unterrühren und kurz mitrösten. Die Kräuter waschen, trocken schütteln, hinzufügen und mit der Brühe ablöschen. Den Braten im Backofen auf der mittleren Schiene 2 ½ bis 3 Stunden garen.

3 Das Bier und den Honig verrühren. Nach 1 Stunde Garzeit die Schwarte mehrmals mit der Biermischung bestreichen und bei Bedarf etwas Brühe nachgießen.

4 Für die Herzoginkartoffeln die Kartoffeln mit der Schale in Salzwasser etwa 20 Minuten weich garen. Abgießen, ausdampfen lassen, pellen und noch heiß durch die Kartoffelpresse in eine Schüssel drücken. Kräuterbutter, Mehl, Eier und Eigelbe unterrühren und die Masse mit Salz und Muskatnuss abschmecken. Die Masse in einen Spritzbeutel mit Sterntülle füllen und nicht zu große Rosetten auf ein mit Backpapier belegtes Backblech spritzen.

5 Für die Möhrenstiftchen die Möhren putzen, schälen und in Stifte schneiden. Die Butter in einem Topf zerlassen und die Möhren darin andünsten. Die Brühe angießen und die Möhren etwa 10 Minuten garen. Mit Salz, Pfeffer und Zucker abschmecken und das Möhrengemüse nach Belieben mit etwas in kaltem Wasser angerührter Speisestärke binden.

6 Den Krustenbraten aus dem Ofen nehmen und den Backofengrill einschalten. Die Kräuter entfernen. Die Sauce mit dem Stabmixer pürieren oder durch ein feines Sieb passieren, bei Bedarf mit Salz und Pfeffer nachwürzen. Den Braten zurück in den Bräter geben und im Backofen grillen, bis die Kruste schön knusprig ist.

7 Den Braten herausnehmen, in Alufolie wickeln und kurz ruhen lassen. Inzwischen die Herzoginkartoffeln bei 175 °C im Ofen auf der mittleren Schiene etwa 15 Minuten backen. Den Braten in Scheiben schneiden und mit der Sauce, den Herzoginkartoffeln und den Möhrenstiftchen anrichten.

Nachspeisen

DAS SÜSSE FINALE

Erdbeertraum

MIT
RHABARBER-INGWER-SORBET

Zutaten für 6 Personen

Für das Sorbet:
750 g Rhabarber
300 g Zucker
25 g Ingwer (fein gewürfelt)

Für das Kompott:
600 g Rhabarber
2–3 EL Zucker
Saft von 2 Orangen
1 Pck. Vanillezucker

Für die Creme:
250 g Speisequark
100 ml Holunderblütensirup
200 g Sahne

Für das Püree:
500 g Erdbeeren
2 EL Zucker
Zitronenmelisse

1 Für das Sorbet den Rhabarber putzen, waschen und in kleine Stücke schneiden. Den Rhabarber und 200 g Zucker in einen Topf geben und aufkochen. Den Ingwer dazugeben. ½ l Wasser mit dem übrigen Zucker in einem zweiten Topf aufkochen und abkühlen lassen. Den Rhabarber und die Zuckerlösung gut verrühren, in die Eismaschine geben und etwa 1 Stunde unter Rühren gefrieren lassen.

2 Für das Kompott den Rhabarber putzen, waschen und in kleine Stücke schneiden. Mit dem Zucker in einen Topf geben und aufkochen. Den Orangensaft dazugeben und die Mischung etwa 2 Minuten köcheln lassen. Das Kompott auskühlen lassen und auf Dessertgläser verteilen.

3 Für die Creme den Quark mit dem Sirup verrühren. Die Sahne steif schlagen und unter die Quarkmasse heben.

4 Für das Püree die Erdbeeren waschen und putzen. Die Hälfte der Erdbeeren mit dem Zucker fein pürieren, die andere Hälfte in kleine Würfel schneiden. Die Erdbeerwürfel auf das Kompott in den Gläsern geben. Die Creme darauf verteilen und mit dem Püree abschließen. Das Ganze mit Zitronenmelisse garnieren.

5 Ein Dessertglas, ein paar Erdbeerscheiben und 2 kleine Kugeln Sorbet auf einer mit Puderzucker bestäubten Platte anrichten.

Holunderblütenmousse

MIT HEIDELBEERSAUCE

Zutaten für 4 Personen

Für die Mousse:
3 Blatt Gelatine
100–125 ml Holunderblütensirup
200 g Speisequark (40 % Fett)
200 g Sahne

Für die Heidelbeersauce:
250 g Heidelbeeren
2 EL Cassis-Sirup
3–5 EL Puderzucker
1 Spritzer Zitronensaft

Außerdem:
2 EL Amarettini (ital. Mandelkekse)
einige Minzeblättchen

1 Für die Mousse die Gelatine in kaltem Wasser einweichen. Den Holunderblütensirup in einem Topf erwärmen. Die Gelatine gut ausdrücken und im heißen Sirup unter Rühren auflösen. Etwas abkühlen lassen.

2 Den Quark in eine Schüssel geben. Den Sirup langsam mit dem Schneebesen unter den Quark rühren. Die Sahne steif schlagen und vorsichtig unterheben. Die Creme mindestens 3 Stunden im Kühlschrank fest werden lassen.

3 Für die Heidelbeersauce die Beeren verlesen, waschen und trocken tupfen. Die Beeren, den Cassis-Sirup, den Puderzucker und den Zitronensaft in einen hohen Rührbecher geben und mit dem Stabmixer pürieren. Anschließend die Sauce durch ein feines Sieb passieren.

4 Die Amarettini mit dem Nudelholz grob zerbröseln. Aus der Mousse mit einem runden Löffel Kugeln ausstechen und je 2 Stück auf Dessertteller verteilen. Die Heidelbeersauce darübergießen und mit den Amarettinibröseln und den Minzeblättchen garnieren.

Amarettini selbst gemacht

Amarettini sind kleine italienische Makronen und ganz leicht selbst gemacht. Dafür einfach 1 Eiweiß mit 1 Prise Salz und 50 g Puderzucker zu einem steifen Schnee schlagen. 50 g Zucker mit 1 EL Amaretto und 100 g gemahlenen Mandeln mischen und unter den Eischnee heben. Den Backofen auf 150 °C vorheizen. Die Amarettini mit einem Spritzbeutel in Tupfen auf ein Bachblech setzen und 15 bis 20 Minuten backen. Gut abkühlen lassen.

Holunder-Panna-cotta

AUF ERDBEERSAUCE
MIT RHABARBERKOMPOTT

Zutaten für 4 Personen

Für die Panna cotta:
5 Blatt Gelatine
200 g Sahne
65 g Zucker
100 ml Holunderblütensirup
1 Vanilleschote
400 ml Buttermilch

Für das Rhabarberkompott:
8 Stangen Rhabarber
Zucker

Für die Erdbeersauce:
500 g Erdbeeren
2 EL Zucker
30 ml Orangenlikör
   (z. B. Cointreau)

Außerdem:
Minzeblätter zum Garnieren
Puderzucker zum Bestäuben

1 Am Vortag für die Panna cotta in einer kleinen Schüssel die Gelatine in kaltem Wasser 10 Minuten einweichen.

2 In einem Topf die Sahne, den Zucker und den Holunderblütensirup aufkochen. Die Gelatineblätter ausdrücken und dazugeben, langsam unter Rühren in der warmen Flüssigkeit auflösen. Die Vanilleschote längs aufschneiden und das Mark herauskratzen. Das Vanillemark und die Buttermilch unter die Mischung rühren. Auf vier Gläser verteilen und zugedeckt über Nacht kühl stellen.

3 Am nächsten Tag für das Rhabarberkompott den Rhabarber putzen, schälen und in nicht zu kleine Würfel schneiden. In einen Topf geben, etwas Zucker hinzufügen und kurz ziehen lassen. Die Würfel nur kurz erhitzen, der Rhabarber soll noch gut bissfest sein. Den Topf vom Herd nehmen und die Rhabarberstückchen abkühlen lassen.

4 Für die Erdbeersauce die Erdbeeren waschen, putzen und halbieren. Mit dem Zucker und dem Orangenlikör in einer Schüssel mit dem Stabmixer pürieren.

5 Etwas Wasser in einem kleinen Topf aufkochen, die Gläser mit der Panna cotta kurz eintauchen, damit die Panna cotta sich besser vom Glas löst. Vorsichtig auf Dessertteller stürzen. Die Erdbeersauce und das Rhabarberkompott dazu anrichten. Die Holunder-Panna-cotta mit Minzeblättern garnieren und mit Puderzucker bestäuben.

Waldmeister-Sorbet

MIT
CIDRE

Zutaten für 4 Personen

½ l naturtrüber Apfelsaft
150 g Zucker
Saft von 1 Limette
4 EL Waldmeistersirup
Salz
¾ l Cidre (gut gekühlt)
essbare Blüten je nach Jahreszeit
    (z. B. Borretsch)

1 Den Apfelsaft mit Zucker und Limettensaft in einem Topf aufkochen und abkühlen lassen.

2 Den Waldmeistersirup und 1 Prise Salz dazugeben und die Mischung in eine Metallschüssel füllen. Im Tiefkühlgerät etwa 4 Stunden gefrieren lassen, dabei das Sorbet gelegentlich mit dem Schneebesen gut durchrühren, damit sich keine zu großen Eiskristalle bilden.

3 Aus dem Waldmeister-Apfel-Sorbet am besten mit dem Eisportionierer Kugeln formen, in Cocktailschalen setzen und mit dem Cidre aufgießen. Mit den Blüten verzieren.

Waldmeistersirup

Dieser selbst gemachte Sirup wird nicht so farbintensiv, schmeckt dafür aber sehr aromatisch: Für 3 Flaschen à ½ l Inhalt 1 Bund Waldmeister (15–20 Stängel) waschen und mit 1 l Wasser und 10 g Zitronensäure in einem Topf aufkochen. 2 Bio-Zitronen heiß waschen, in dünne Scheiben schneiden und in eine große Schüssel oder eine Karaffe geben. Das Wasser mitsamt dem Waldmeister über die Zitronenscheiben gießen und alles 24 Stunden abgedeckt ziehen lassen. Die Mischung durch ein Sieb in eine Schüssel abgießen. 1 kg Zucker unterrühren, bis er sich aufgelöst hat. Den Sirup in saubere Flaschen abfüllen, gut verschließen und kühl aufbewahren. Achtung, Waldmeister sollten Sie immer vor der Blüte ernten!

Windlichter

MIT FRÜHLINGSMOTIVEN

Diese Last-minute-Dekoidee ist kinderleicht nachzubasteln und gibt jeder Festtafel eine hübsche, individuelle Note. Egal, ob Kirschblütenfest, Taufe oder Maibaumfeier: Die personalisierten Windlichter sind echte Hingucker.

Material

Foto (Motiv je nach Anlass)
weißes Druckerpapier (80 g, DIN A4)
   oder bedruckbares Transparentpapier
Farbdrucker
Einmachgläser
Schere
doppelseitiges Klebeband
   (oder Kleber)
Teelichter

1 Je nach Anlass ein passendes Fotomotiv auswählen, z. B. ein Porträt des Geburtstagskinds, Frühlingsblumen für eine Gartenparty, Babyschühchen für die Tauffeier.

2 Das Motiv in der gewünschten Anzahl mit einem Farbdrucker auf das Drucker- oder Transparentpapier drucken und bei Bedarf zuschneiden, dafür an den Einmachgläsern Maß nehmen.

3 Eine kurze Seite des bedruckten Papiers der Länge nach mit doppeltem Klebeband bekleben. Den Papierbogen zu einer Rolle formen und die Ränder aneinanderkleben.

4 Je ein Teelicht in ein kleines Einmachglas stellen und den Papierzylinder darüberstülpen. Die Windlichter nach Belieben auf dekorative kleine Teller stellen.

Diese Dekoidee lässt sich blitzschnell umsetzen: Passende Motive, Einmachgläser, Schere und doppelseitiges Klebeband – mehr benötigt man nicht dazu.

Das Frühlingsmotiv aufs Papier drucken, das Blatt zur Rolle formen und zusammenkleben. Ein Teelicht anzünden, ins Glas stellen, Papierrolle drüberstülpen, fertig!

Basilikumeis

MIT ERDBEERRAGOUT
UND MANDELFÄCHER

Zutaten für 4 Personen

Für das Basilikumeis:
1 Bund Basilikum
Saft und abgeriebene Schale von
    1 Bio-Zitrone
3 EL Zucker
3 Eigelb
4 EL Akazienhonig
100 g Mascarpone
150 g Sahne

Für das Erdbeerragout:
400 g Erdbeeren
2 EL Zucker

Für die Mandelfächer:
2 Eiweiß
90 g Zucker
15 g Mehl
100 g Mandelblättchen

Außerdem:
50 g dunkle Kuvertüre
Basilikumblätter zum Garnieren
    (nach Belieben)

1 Für das Basilikumeis das Basilikum waschen und trocken schütteln, die Blätter abzupfen und mit Zitronensaft und -schale und 2 EL Zucker in einem hohen Rührbecher mit dem Stabmixer fein pürieren.

2 Die Eigelbe mit dem restlichen Zucker und dem Honig in einer Metallschüssel im heißen Wasserbad schaumig schlagen. Die Masse kalt rühren. Die Mascarpone und das Basilikumpüree unterrühren. Die Sahne steif schlagen und unter die Basilikummasse heben. Die Masse im Tiefkühlfach 4 Stunden gefrieren lassen.

3 Für das Erdbeerragout die Erdbeeren waschen, putzen und vierteln. Ein Drittel der Erdbeeren mit dem Stabmixer pürieren und mit dem Zucker mischen. Das Püree mit den restlichen Erdbeervierteln mischen.

4 Für die Mandelfächer den Backofen auf 180 °C vorheizen und ein Backblech mit Backpapier belegen. Die Eiweiße leicht schaumig schlagen. Den Zucker und das Mehl unterrühren und die Mandeln unterheben.

5 Aus der Eiweiß-Mandel-Masse mit einem Esslöffel Kreise mit etwa 8 cm Durchmesser auf das Blech streichen und im Ofen auf der mittleren Schiene etwa 10 Minuten goldbraun backen. Die Mandelfächer abkühlen lassen.

6 Die Kuvertüre hacken und in einer Metallschüssel im heißen Wasserbad unter Rühren schmelzen. Dann mit einem Teelöffel in Dreiecken auf ein mit Backpapier belegtes Backblech streichen und etwa 30 Minuten fest werden lassen.

7 Das Erdbeerragout auf Teller verteilen, mit dem Eisportionierer Kugeln aus dem Basilikumeis formen und daraufsetzen. Die Mandelfächer sowie die Schokoladendreiecke daneben anrichten. Nach Belieben mit Basilikumblättern garnieren.

Rhabarber-Biskuit

MIT ERDBEEREN
IM GLAS

Zutaten für 4 Personen

Für den Biskuit:
120 g Zucker
1 Pck. Vanillezucker
4 Eier
4 EL Speisestärke
80 g Mehl
2 EL Kakaopulver

Für das Kompott:
300 g Rhabarber
75 ml Apfelsaft
Zimtpulver
50 g Honig
400 g Erdbeeren

Für die Creme:
200 g Mascarpone
100 g Naturjoghurt
1 TL Vanillezucker
1 ½ EL Honig

Außerdem:
1 EL weißer Rum
1 EL Erdbeerlikör
1 EL gehackte Pistazien

1 Für den Biskuit den Backofen auf 160 °C vorheizen. Den Zucker mit dem Vanillezucker und den Eiern schaumig rühren. Die Speisestärke und das Mehl mischen und vorsichtig unterheben. Den Teig halbieren und unter eine Hälfte das Kakaopulver mischen. Die Massen nebeneinander auf ein mit Backpapier ausgelegtes Backblech streichen und im Ofen auf der mittleren Schiene 15 bis 20 Minuten backen.

2 Für das Kompott den Rhabarber putzen, waschen, falls nötig, schälen, und in etwa 1 cm lange Stücke schneiden. Mit dem Apfelsaft und 1 Prise Zimt in einen Topf geben und weich garen. Den Honig unterrühren und das Kompott vollständig auskühlen lassen.

3 300 g Erdbeeren waschen, putzen und vierteln bzw. achteln und unter das Kompott mischen.

4 Für die Creme den Mascarpone mit dem Joghurt, dem Vanillezucker und dem Honig verrühren. Mit einem Glas jeweils 4 helle und 4 braune Teigkreise ausstechen. Die ausgestochenen Biskuitkreise mit der Mischung aus weißem Rum und Erdbeerlikör beträufeln.

5 Den Boden von vier Gläsern mit den dunklen Böden auslegen, darauf die Hälfte des Erdbeer-Rhabarber-Kompotts und darauf die Hälfte der Mascarponecreme verteilen. Jeweils 1 hellen Boden darauflegen und den Vorgang wiederholen. Die Biskuits 2 Stunden kühl stellen.

6 Vor dem Servieren die restlichen Erdbeeren waschen, putzen und fächerförmig aufschneiden. Das Dessert mit den Erdbeeren und mit den Pistazien garnieren.

Hollerkücherl

MIT
HONIGPARFAIT

Zutaten für 4 Personen

1 frisches Eiweiß
4 Ringelblumenblüten
etwas feinster Zucker
2 Eier
2 Eigelb
1 Msp. Vanillemark
75 g Waldhonig und Honig zum
*   Beträufeln*
200 g Sahne
50 g Mehl
60 ml helles Bier
Salz
4 große Holunderblütendolden
Butterschmalz zum Ausbacken
2 Handvoll Beeren
*   (z. B. Johannisbeeren, Heidel-*
*   beeren, Himbeeren)*

1 Am Vortag das Eiweiß verquirlen. Die Ringelblumenblüten erst in das Eiweiß, anschließend in den Zucker tauchen und trocknen lassen.

2 Am nächsten Tag 1 Ei, die Eigelbe und das Vanillemark in einer Metallschüssel über dem heißen Wasserbad schaumig schlagen. Die Schüssel vom Wasserbad nehmen, 75 g Honig zu der Eiermasse geben und weiterschlagen, bis die Masse etwas abgekühlt ist. Die Sahne steif schlagen und unterheben. Die Parfaitmasse in Portionsförmchen (ca. 125 ml Inhalt) füllen und zugedeckt im Tiefkühlfach etwa 6 Stunden gefrieren lassen.

3 Das übrige Ei trennen. Mehl mit Eigelb und Bier verrühren und 30 Minuten quellen lassen. Das Eiweiß mit 1 Prise Salz zu steifem Schnee schlagen und unterheben.

4 Den Backofen auf 80 °C vorheizen. Die Holunderblüten vorsichtig verlesen, waschen und trocken tupfen. Das Butterschmalz erhitzen. Die Holunderblüten in den Teig tauchen, abtropfen lassen und portionsweise im Butterschmalz ausbacken. Herausnehmen, auf Küchenpapier abtropfen lassen und den Stiel abschneiden. Im Ofen warm halten.

5 Die Beeren verlesen, waschen und trocken tupfen. Das Parfait aus den Formen auf Teller stürzen und mit den Beeren garnieren. Je 1 Hollerkücherl dazulegen, mit etwas Honig beträufeln und mit den Ringelblumenblüten garnieren.

Holunderblüten ernten

Die Dolden des Schwarzen Holunders gibt es nicht zu kaufen, daher heißt es: selbst sammeln. Sie haben von Mitte Mai bis Ende Juli Saison. Natürlich sollte man nur Blüten fern von viel befahrenen Straßen ernten. Der beste Zeitpunkt dafür ist um die Mittagszeit und bei Sonnenschein, da die Blüten dann sehr aromatisch sind. Besonders wichtig ist der richtige Umgang mit den Dolden: Sie müssen vorsichtig abgeschnitten werden, damit keine Pollen verloren gehen. Die Dolden sollte man in einem Korb transportieren, da sich z. B. Plastiktüten nicht für die empfindlichen Blüten eignen.

Prösterchen!

WAR WÄRE EIN SCHÖNES ESSEN OHNE EINEN SPRITZIGEN APERITIF? AROMATISCH DUFTENDE BLÜTEN UND KRÄUTER SIND IM FRÜHLING DIE PERFEKTE BASIS FÜR PRICKELNDE DRINKS – MIT UND OHNE ALKOHOL.

Für Sekt oder Selters: Holunderblütensirup

15 voll aufgeblühte Holunderblütendolden gut ausschütteln. Die Stiele abschneiden. **1 l stilles Mineralwasser** in einem Topf erhitzen und **1 ½ kg Zucker** darin unter Rühren auflösen. Ein großes Einmachglas (2 ½ l Inhalt) heiß ausspülen. **Je 1 Bio-Zitrone und -Orange** heiß abwaschen, trocken reiben, in Scheiben schneiden und in das Glas geben. Die Blüten einschichten und mit **2 EL Zitronensäurepulver** bestreuen. Die heiße Zuckerlösung vorsichtig daraufgießen. Alles zugedeckt an einem kühlen Ort 2 bis 3 Tage ziehen lassen, dabei 2-mal täglich mit einem Metalllöffel umrühren. Den Sirup durch ein Sieb in heiß ausgespülte Flaschen gießen und gut verschließen. Kühl und dunkel aufbewahren.

ZS Redaktionsteam

Sekt mit Cranberry-Eierlikör

Mein liebster Willkommenstrunk für liebe Gäste!
Für den Eierlikör in einem Topf **4 bis 5 Eigelbe** (Größe L) 5 Minuten bei ca. 80 °C mit dem Handrührgerät cremig rühren. **250 g Zucker,** **2 TL Vanillezucker, 200 ml Doppelkorn** und **150 ml Kondensmilch (10 %)** hinzufügen und weitere 5 Minuten bei ca. 80 °C rühren. Den Likör heiß in eine saubere Flasche füllen, gut verschließen und abkühlen lassen. Für den Aperitif **1 bis 2 TL Cranberry-Sirup** in ein Sektglas gießen, darauf etwas Eierlikör geben und mit **Sekt** auffüllen.

Ulla Esser

Kräuterlimonade

6 Bio-Limetten waschen und abtrocknen. Die Schale abreiben und mit **300 g Zucker** ca. 10 Minuten in der Küchenmaschine mischen. Den Zucker-Limetten-Mix mit 1 l Wasser aufkochen, 10 bis 15 Minuten köcheln lassen. Vom Herd nehmen und 15 Minuten ziehen lassen. **Je 1 Bund Minze, Zitronenthymian und Zitronenmelisse** waschen, trocken schütteln und in **ein großes Glas** (1 ½ l Inhalt) mit Deckel stecken. Die Limetten auspressen, den Saft mit dem Zuckersirup ins Glas geben und ca. 20 Minuten in ein heißes Wasserbad stellen. Herausnehmen, rasch abkühlen lassen. Das Glas verschließen und im Kühlschrank 12 Stunden ziehen lassen. Pro Limonadenglas 100 bis 150 ml Sirup verwenden und mit **Mineralwasser** auffüllen. Schmeckt auch mit Zitronenverbene, Ananassalbei und Minze!

Christiane Thees

Holunderblütensekt

Von **etwa 12 voll aufgeblühten Holunderblütendolden** die Stiele abschneiden, die Dolden gut ausschütteln und in einen großen Topf legen. **2 l Wasser** angießen, **300 g Zucker**, **1 EL Obstessig** und den **Saft von 1 Zitrone** dazugeben. **1 Bio-Zitrone** waschen, in Scheiben schneiden und in den Topf geben. Deckel auflegen und den Sud 3 bis 4 Tage an einem warmen Ort ziehen lassen. Sobald sich die erste Kohlensäure bildet, den Sekt durch ein Sieb in stabile saubere Glasflaschen mit Bügelverschluss abfüllen. Kühl lagern. Nach 3 bis 4 Wochen hat der Holunderblütensekt Trinkreife. Kühl gelagert, ist er bis zu 1 Jahr haltbar.
Verwenden Sie unbedingt Flaschen mit Bügelverschluss – der Sekt fliegt Ihnen sonst um die Ohren, wenn sich während der Gärung immer mehr Kohlensäure bildet.

Wiebke Brinkmann-Roitsch

Eispralinen

UND JOGHURTCREME AUS DER SCHAFMILCH

Zutaten für 4 Personen

Für die Schoko-Minz-Eispralinen:
350 ml Schafmilch (ersatzweise
    Kuhmilch)
150 g Sahne
1 Stiel Schokominze oder Minze
2 Eier
3 Eigelb
Salz
90 g Zucker
100 g Zartbitterschokolade

Für das Baiser:
2 Eiweiß
75 g Zucker
50 g Puderzucker

Für das Himbeermark:
250 g Himbeeren (gewaschen)
1 EL Puderzucker
2 EL Holunderblütensirup

Für die Joghurtcreme:
200 g Sahne
1 EL Puderzucker
250 g Schafjoghurt

1 Für die Schoko-Minz-Eispralinen die Milch, die Sahne und die gewaschene Minze aufkochen. Minze wieder entfernen.

2 Die Eier, die Eigelbe, 1 Prise Salz und den Zucker in eine Metallschüssel geben. Die heiße Milch langsam in einem dünnen Strahl unter die Eier rühren. Die Mischung im heißen Wasserbad cremig schlagen, dabei auf 75 °C erhitzen. Die Eiercreme vom Wasserbad nehmen und abkühlen lassen. Die Creme in Eiswürfelbehälter füllen und 4 Stunden in das Tiefkühlfach stellen.

3 Die gefrorene Creme im Küchenmixer pürieren. Aus der Masse sofort mit dem Eisportionierer Kugeln abstechen. Die Eiskugeln in das Tiefkühlfach stellen.

4 Die Schokolade in Stücke brechen und im heißen Wasserbad schmelzen. Die Eiskugeln mit der Schokolade überziehen und wieder gefrieren lassen.

5 Für das Baiser den Backofen auf 100 °C vorheizen. Ein Backblech mit Backpapier auslegen. Eiweiße zu steifem Schnee schlagen, dabei den Zucker einrieseln lassen. Zuletzt den Puderzucker unterrühren. Die Baisermasse in einen Spritzbeutel füllen, kleine Tupfen auf das Blech spritzen und im Ofen etwa 1 Stunde trocknen lassen (die Baisertupfen sollen weiß bleiben und vollständig aushärten). Abkühlen lassen und 8 Baisers beiseitelegen. Die übrigen Baisers grob zerbröseln.

6 Für das Himbeermark einige Himbeeren beiseitelegen. Die restlichen Himbeeren mit dem Puderzucker pürieren. Das Püree durch ein feines Sieb in eine Schüssel streichen und den Holunderblütensirup unterrühren.

7 Für die Joghurtcreme Sahne mit Puderzucker steif schlagen und den Joghurt unterheben. Abwechselnd Joghurtcreme, Himbeermark und Baiserbrösel in Gläser füllen. Mit den Himbeeren und Baisertupfen garnieren. Mit den Eispralinen servieren.

Joghurt-Törtchen

UND

BUTTERMILCHCREME MIT ERDBEERSAUCE

Zutaten für 4 Personen

Für den Tortenboden:
60 g dunkle Kuvertüre
60 g Butter
10 g Mehl
30 g Kakaopulver
3 Eier
60 g Zucker

Für die Füllung:
4 Blatt Gelatine
250 g Erdbeeren
100 g Puderzucker
150 g Naturjoghurt
200 g Sahne
1 EL Erdbeerlikör
1 EL Erdbeersirup
Erdbeerwürfel zum Garnieren

Für die Buttermilchcreme:
2 Blatt Gelatine
100 g Buttermilch
50 g Puderzucker
Saft von ½ Zitrone
150 g Sahne

Für die Erdbeersauce:
250 g Erdbeeren
100 g Puderzucker

1 Für den Tortenboden den Backofen auf 160 °C vorheizen. Ein Backblech mit Backpapier belegen. Die Kuvertüre mit der Butter über dem heißen Wasserbad schmelzen. Das Mehl mit dem Kakaopulver in eine Schüssel sieben und mischen. Die Eier trennen. Die Eiweiße mit dem Zucker zu steifem Schnee schlagen. Die Eigelbe unter den Eischnee rühren. Erst die Mehlmischung, dann die Schokoladenbutter unterheben. Den Teig in einer Größe von 20 × 40 cm auf das Backpapier streichen und im Ofen auf der mittleren Schiene etwa 10 Minuten backen.

2 Für die Füllung die Gelatine in kaltem Wasser einweichen. Die Erdbeeren waschen, putzen, pürieren, durch ein Sieb streichen und mit dem Puderzucker und dem Joghurt verrühren. Die Gelatine ausdrücken, in einem kleinen Topf erwärmen und unter Rühren auflösen. Etwas von der Erdbeer-Joghurt-Masse unterrühren und unter die restliche Erdbeer-Joghurt-Masse rühren. Die Sahne steif schlagen und mit dem Erdbeerlikör und dem Erdbeersirup unter die Joghurtmasse ziehen.

3 Aus dem gebackenen Biskuitteig mit Dessert- oder Anrichteringen (6 bis 8 cm Durchmesser) Kreise ausstechen. Die Joghurtmasse auf die Biskuitböden in den Ringen verteilen. Die Törtchen kühl stellen und etwa 3 Stunden fest werden lassen.

4 Für die Buttermilchcreme die Gelatine in kaltem Wasser einweichen. Die Gelatine ausdrücken und in einer Tasse mit etwas Buttermilch über dem heißen Wasserbad auflösen. Die restliche Buttermilch, den Puderzucker und den Zitronensaft in einer Schüssel verrühren und die Gelatine dazugeben. Die Sahne steif schlagen und unterheben. Vier Gläser mit kaltem Wasser ausspülen, die Creme schräg einfüllen (z. B. mithilfe eines Eierkartons, in den die Gläser gestellt werden) und zugedeckt mindestens 2 Stunden kühl stellen.

5 Für die Erdbeersauce die Erdbeeren waschen, putzen und mit dem Puderzucker pürieren. Die Sauce nach Belieben durch ein feines Sieb streichen, um die Kerne zu entfernen. Die Erdbeersauce auf die Creme in den Gläsern verteilen.

6 Die Dessertringe von den Törtchen entfernen und die Törtchen mit Erdbeerwürfeln garnieren. Mit der Creme im Glas anrichten.

Erdbeerknödel

MIT
HONIG-LEINÖL-CREME

Zutaten für 4 Personen

Für die Erdbeerknödel:
250 g Erdbeeren (ersatzweise Zwetschgen)
200 g mehligkochende Kartoffeln (mit der Schale gegart und abgekühlt)
Salz
1 Ei (Größe S)
100 g Mehl und Mehl zum Arbeiten
6 EL Zucker
1 TL Zimtpulver

Für die Honig-Leinöl-Creme:
100 g Sahne
125 g Speisequark
150 g Naturjoghurt
2 EL Honig
2 EL kalt gepresstes Leinöl

1 Die Erdbeeren waschen und putzen. Acht große Erdbeeren beiseitelegen, den Rest in einen hohen Rührbecher geben und mit dem Stabmixer fein pürieren.

2 Die Kartoffeln pellen, reiben und mit 1 Prise Salz, dem Ei und dem Mehl in einer Schüssel zu einem glatten Teig verkneten. Den Teig in 8 gleich große Portionen teilen und leicht flach drücken. In die Mitte jeder Teigscheibe 1 Erdbeere geben, mit Teig umhüllen und mit bemehlten Händen zu glatten Knödeln drehen.

3 In einem großen Topf reichlich Salzwasser aufkochen. Die Knödel hineingeben und bei schwacher Hitze 10 Minuten gar ziehen lassen, bis sie an die Oberfläche steigen.

4 Inzwischen für die Honig-Leinöl-Creme die Sahne steif schlagen. Den Quark mit dem Joghurt, dem Honig und dem Leinöl mischen und unter die Sahne heben.

5 Den Zucker mit dem Zimt mischen. Die Knödel mit dem Schaumlöffel aus dem Topf heben, abtropfen lassen, im Zimtzucker wälzen und auf Teller verteilen. Einen breiten Streifen Honig-Leinöl-Creme danebengeben, einen dünnen Streifen Erdbeerpüree daraufträufeln und ein Holzstäbchen mehrmals quer hindurchziehen. Nach Belieben die restliche Honig-Leinöl-Creme in kleinen Gläsern dazureichen und den Teller mit aufgeschnittenen Erdbeeren verzieren.

Rosenküchle

TRIFFT
ROSENPARFAIT

Zutaten für 4 Personen

Für die Rosenküchle:
4 Eier
300 g Mehl
¼ l Milch
1 EL Zucker
1 EL Vanillezucker
1 TL Salz
abgeriebene Schale und Saft
   von 1 Bio-Zitrone
2 cl Rum
500 – 750 g Butterschmalz zum
   Ausbacken

Für das Rosenparfait:
400 g Sahne
4 Eigelb
80 – 100 g Puderzucker
Mark von 1 Vanilleschote
1 cl Rum
4 cl Rosenblütensirup
3 Tropfen natürliche rote
   Lebensmittelfarbe

1 Für die Rosenküchle die Eier, das Mehl, die Milch, den Zucker, den Vanillezucker, das Salz, die Zitronenschale und den -saft sowie den Rum in einer breiten Schüssel mit dem Schneebesen gut verrühren.

2 Ein Rosenküchle-Eisen in einer Pfanne im Butterschmalz 5 bis 10 Minuten erhitzen. Das erhitzte Eisen bis knapp unter den Rand in den Teig tauchen und nach etwa 10 Sekunden wieder herausnehmen. Das mit Teig benetzte Eisen in das Butterschmalz tauchen und den Teig etwa 45 Sekunden knusprig ausbacken.

3 Für das Rosenparfait die Sahne mit den Quirlen des Handrührgeräts steif schlagen. Die Eigelbe mit dem Puderzucker in einer Schüssel über dem heißen Wasserbad mindestens 5 Minuten verrühren. Die Schüssel ins kalte Wasserbad stellen und weiterrühren. Das Vanillemark, den Rum, den Rosenblütensirup und die rote Farbe unterrühren.

4 Sobald die Masse etwas abgekühlt ist, die geschlagene Sahne unterheben. Das Ganze auf kleine Förmchen (etwa 5 cm Durchmesser) verteilen und in das Tiefkühlfach stellen. Mindestens 6 Stunden (am besten über Nacht) durchfrieren lassen.

5 Die Rosenküchle auf Teller verteilen, die 4 Parfaits jeweils vorsichtig stürzen und daneben anrichten. Nach Belieben mit Puderzucker bestreuen und mit Schlagsahne servieren. Die restlichen Parfaits halten sich im Tiefkühlfach und können ein andermal genascht werden.

Frühlingsnest

AUS OBSTBAUMZWEIGEN

Ein Nest, aus dem bunte Blumen wachsen! Diesen bezaubernden Osterboten können Sie ganz nach Wunsch mit Frühjahrsblühern wie Tulpen, Ranunkeln und Hyazinthen bepflanzen oder mit Schnittblumen füllen.

Material

3–4 lange Weidenruten
Blumendraht
Gartenschere (oder Zange)
Obstbaumzweige (z. B. Kirsche,
    Apfel, Zwetschge; idealerweise
    mit Moosen und Flechten bewach-
    sen und gut verzweigt)
getrocknete Blätter oder Moos
Wachtelfedern (nach Belieben)

1 Die Weidenruten mehrmals zu einem runden Kranz von 20 bis 25 cm Durchmesser wickeln, mit Draht befestigen. Überstehende Enden abzwicken. Die Obstbaumzweige zu 4 Bündeln à 3 bis 4 Zweigen mit 15 bis 20 cm Länge zusammenfassen, rund um den Weidenkranz legen und befestigen.

2 Für die nächste Runde 5 Zweigbündel mit 20 bis 25 cm Länge vorbereiten. Leicht nach außen versetzt rund um die erste Reihe legen und befestigen. Für die dritte Runde weitere Zweigbündel mit einer Länge von 20 bis 25 cm vorbereiten und leicht nach außen versetzt am Rand befestigen. Weitere Zweigbündel anbringen, bis das Nest die gewünschte Höhe erreicht hat.

3 Lücken in der Nestwand mit kürzeren Zweigen füllen und mit Draht befestigen. Überstehende Äste abzwicken. Für den Boden kurze Zweige kreuz und quer ins Nest legen. Das fertige Nest zum Schluss mit getrocknetem Laub, Gräsern und Moos auskleiden und mit Frühlingsblumen füllen. Dazu eine Vase in das Nest stellen, den Vasenrand mit Moos verdecken. Wer mag, steckt noch Wachtelfedern zwischen die Zweige.

Das Grundgerüst bildet ein Kranz aus Weidenruten, der mit Blumendraht fixiert wird. Daran werden in mehreren Reihen Bündel von Obstbaumzweigen angebracht.

4 bis 5 Zweigbündel leicht überlappend rund um den Weidenkranz legen, mit Blumendraht befestigen. Überstehende Zweige mit der Gartenschere etwas kürzen.

Himbeertörtchen

MIT
HAUSGEMACHTEM EIERLIKÖR

Zutaten für 4 Personen

Für den Eierlikör:
8 Eigelb
200 g Zucker
1 Pck. Vanillezucker
250 g Sahne
¼ l Doppelkorn

Für die Törtchen:
1 Ei
140 g Zucker
2 ½ Pck. Vanillezucker
4 EL Öl
4 EL Mineralwasser
70 g Mehl
1 TL Backpulver
5 Blatt Gelatine
200 g saure Sahne
400 g Sahne
75 g Himbeeren

Außerdem:
Fett und Mehl für die Form
200 g geschlagene Sahne und Hasel-
    nusskrokant zum Verzieren
Himbeeren und Hippen
    (nach Belieben)

1 Am Vortag für den Eierlikör alle Zutaten in einem Topf gut verrühren und bei 70 °C unter Rühren 8 Minuten erhitzen. In Flaschen abfüllen, verschließen und abkühlen lassen.

2 Für die Himbeertörtchen den Backofen auf 180 °C vorheizen. Eine Springform (24 cm Ø) einfetten und mehlen. Das Ei mit 60 g Zucker und ½ Päckchen Vanillezucker schaumig schlagen. Das Öl und das Mineralwasser unterrühren. Dann das Mehl mit dem Backpulver untermischen. Die Masse in die Springform geben und im Ofen auf der mittleren Schiene 8 bis 10 Minuten backen. Herausnehmen, abkühlen lassen und mit einem Dessertring (8 cm Ø) aus dem Biskuitboden 4 Teigkreise ausstechen.

3 Für die Füllung die Gelatine in kaltem Wasser einweichen. Die saure Sahne mit dem restlichen Zucker und Vanillezucker verrühren. Die Gelatine ausdrücken, tropfnass in einem kleinen Topf bei kleiner Hitze auflösen und unter die saure Sahne rühren. Die Hälfte der Sahne steif schlagen und unterheben.

4 Die Himbeeren verlesen, waschen und trocken tupfen. Die Biskuitböden in vier Dessertringe legen und die Himbeeren darauf verteilen. Mit der Sahnecreme auffüllen und zugedeckt über Nacht kühl stellen.

5 Am nächsten Tag die Dessertringe entfernen und die Törtchen rundum mit geschlagener Sahne bestreichen. Die Ränder mit Krokant bestreuen. Den Rand der Oberfläche lückenlos mit Sahnetupfen verzieren und den Ring mit Eierlikör füllen. Die Törtchen nach Belieben mit frischen Himbeeren und Hippen (z. B. in Schmetterlingsform) servieren.

Rhabarberparfait

UND
SCHOKOTÖRTCHEN

Zutaten für 4 Personen

Für das Rhabarberparfait:
200 g Rhabarber
50 g Zucker
100 ml roter Likörwein (ersatzweise
    Portwein)
2 Scheiben Ingwer
Mark von ½ Vanilleschote
½ TL abgeriebene Bio-Zitronen-
    schale
1 Ei
1 Eigelb
50 g Puderzucker
200 g Sahne

Für das Schokotörtchen:
100 g Zartbitterschokolade
    (in Stücken)
Öl und Mehl für die Förmchen
2 Eier
40 g Zucker
50 g Butter
40 g Puderzucker
50 g Mehl
Lavendelblüten

Für die Erdbeeren:
250 g Erdbeeren
100 ml roter Likörwein
1 EL Zucker
zerstoßener Sichuanpfeffer
4 Kakaobohnen (aufgebrochen)

1 Für das Rhabarberparfait den Rhabarber waschen, schälen und in Stücke schneiden. Den Zucker in einem Topf hellgelb karamellisieren, dabei nicht rühren. Mit dem Likörwein ablöschen. Rhabarber und Ingwer dazugeben, etwa 10 Minuten weich garen. Vanille und Zitronenschale hinzufügen. Rhabarber beiseitestellen und abkühlen lassen. Ingwer entfernen.

2 Ei, Eigelb und Puderzucker in einer Metallschüssel im heißen Wasserbad cremig aufschlagen. Die Schüssel vom Wasserbad nehmen und die Masse abkühlen lassen.

3 Die Sahne steif schlagen. Den Rhabarber mit der Eiermasse mischen und unter die Sahne heben. In Gläser abfüllen und mindestens 4 Stunden in das Tiefkühlfach stellen.

4 Für das Schokotörtchen die Schokolade im heißen Wasserbad schmelzen. Vier Förmchen (à 150 ml Inhalt) einfetten und mit Mehl bestäuben. Die Eier trennen. Die Eiweiße zu Schnee schlagen, dabei den Zucker langsam einrieseln lassen.

5 Die Butter in einem Topf zerlassen und vom Herd nehmen. Den Puderzucker dazugeben und die Masse schaumig rühren. Die Eigelbe nacheinander unterrühren. Die Schokolade nach und nach unter die Masse rühren. Den Eischnee und das Mehl vorsichtig unterheben. Die Schokoladenmasse in die Förmchen füllen und etwa 30 Minuten ruhen lassen.

6 Die Erdbeeren waschen, putzen, je nach Größe halbieren oder vierteln. In einem Topf Likörwein und Zucker aufkochen. Die Beeren darin etwa 3 Minuten garen. Mit 1 Prise Sichuanpfeffer würzen. Vom Herd nehmen und abkühlen lassen.

7 Den Backofen auf 180 °C vorheizen und die Törtchen auf der mittleren Schiene 10 Minuten backen (der Kern soll cremig bleiben). Herausnehmen und kurz abkühlen lassen.

8 Die Schokoladentörtchen mit Lavendelblüten, die Erdbeeren mit Kakaobohnen garnieren und mit dem Rhabarberparfait auf Tellern anrichten.

Ostereier

MIT SERVIETTENTECHNIK

Diese Bastelarbeit erfordert zwar ein wenig feinmotorische Fähigkeiten, trotzdem ist sie schon für Kinder gut geeignet. Es ist alles dabei, was Spaß macht: ausgeblasene Eier, jede Menge Kleister und nostalgische Ostermotive, die Kindern gefallen.

Material (für 6 Eier):

6 weiße Eier
Papierservietten mit (Vintage-)
   Motiv, z. B. Hasen, Hühner, Eier,
   Vögel, Blumen, Ornamente
Serviettenkleber oder Tapetenkleister
1 spitze Papierschere
1 weicher Borstenpinsel
1 Eierkarton

1 Oben und unten ein kleines Loch in die Eier stechen. Die Eier ausblasen, abwaschen und trocknen lassen.

2 Aus den vorbereiteten Servietten passende Motive ausschneiden. Sie sollten kleiner als das Ei sein. Je genauer Sie die Konturen des Motivs ausschneiden, desto filigraner wird das Ergebnis. Die einzelnen Papierschichten vorsichtig voneinander trennen. Es wird nur die oberste bedruckte Schicht benötigt.

3 Den Kleber oder Kleister mit dem Pinsel dünn an der Stelle auf dem Ei auftragen, wo später das Motiv sitzen soll. Das ausgeschnittene Motiv mit den Fingern auflegen und mit dem Pinsel vorsichtig andrücken, damit es nicht krumpelt oder reißt. Das Motiv mit einer weiteren dünnen Kleberschicht von innen nach außen vorsichtig mit dem Pinsel glatt streichen.

4 Die Eier zum Trocknen quer in eine Mulde des Eierkartons legen. Die fertigen Eier nach Belieben in einem Osternest arrangieren oder mit einem Aufhänger versehen.

Für die Vintage-Eier brauchen Sie weiße Eier, Servietten mit Ihren Lieblingsmotiven, eine spitze Papierschere und Serviettenkleber oder Tapetenkleister.

Den Kleber dünn auf das Ei auftragen. Das ausgeschnittene Motiv vorsichtig auflegen und mit dem Pinsel von innen nach außen glatt streichen.

Osterlamm

MIT
MANDARINEN

Für 1 Lamm (ca. 12 Stücke)

1 kleine Dose Mandarinen
    (125 g Abtropfgewicht)
170 g Mehl
Salz
30 g Schokoraspel
½ TL Backpulver
abgeriebene Schale von ½ Bio-
    Zitrone
70 g Marzipanrohmasse
100 g Puderzucker
120 g weiche Butter
3 Eier (Größe M)

Außerdem:
1 Lammbackform (1 l Inhalt)
Butter und Semmelbrösel für
    die Form
Puderzucker zum Bestäuben

1 Den Backofen auf 180 °C (Umluft: 160 °C) vorheizen. Die Form einfetten und mit Semmelbröseln ausstreuen. Die Mandarinen in einem Sieb abtropfen lassen. Mehl mit 1 Prise Salz, Schokoraspeln, Backpulver und Zitronenschale sorgfältig mischen.

2 Das Marzipan grob in eine Rührschüssel bröckeln. Den Puderzucker und die Butter hinzufügen, alles mit den Quirlen des Handrührgeräts geschmeidig rühren. Die Eier nacheinander aufschlagen und je etwa ½ Minute unterrühren. Die Mehlmischung auf niedrigster Stufe nur so lange unterrühren, bis sich die Zutaten zu einem glatten Teig verbunden haben.

3 Ein Drittel des Teiges in die Form füllen und die Hälfte der Mandarinen daraufgeben. Wieder ein Drittel Teig einfüllen, die restlichen Mandarinen darauf verteilen und mit dem übrigen Teig abschließen.

4 Das Osterlamm im Ofen auf der mittleren Schiene 35 bis 40 Minuten backen. Herausnehmen (Topfhandschuhe!). Kuchen etwa 10 Minuten in der Form abkühlen lassen, dann vorsichtig herauslösen und auf einem Kuchengitter vollständig abkühlen lassen.

5 Mit Puderzucker bestäuben und nach Belieben mit einem Glöckchen und Gänseblümchen dekorieren.

Gut in Form

Das Osterlamm ist ein traditionelles Gebäck, das auf vielen Kaffeetischen am Ostersonntag nicht fehlen darf. Die Geschmacksrichtungen sind vielfältig, besonders charakteristisch ist allerdings die spezielle Backform des Kuchens. Diese sollte man gut einfetten und ausstreuen, damit das Lamm sie ohne große Verletzungen verlässt.

Hefezopf

MIT MANDELN

Zutaten für 1 Hefezopf bzw. 12 Scheiben

Für den Hefeteig:
250 g Sahne
500 g Weizenmehl (Type 550)
1 Pck. Trockenbackhefe
80 g Zucker
1 Pck. Vanillinzucker
1 Pck. abgeriebene Zitronenschale
Salz
2 Eier
1 Eiweiß
100 g gehackte Mandeln

Zum Bestreichen:
1 Eigelb
1 EL Milch

Außerdem:
etwas Mehl zum Bestäuben

1 Für den Hefeteig die Sahne in einem kleinen Topf erwärmen. Mehl mit Hefe in einer Rührschüssel mischen. Zucker, Vanillinzucker, Zitronenschale, 1 Prise Salz, Eier, Eiweiß und die lauwarme Sahne hinzufügen. Die Zutaten mit den Knethaken etwa 5 Minuten zu einem glatten Teig verarbeiten. Den Teig zugedeckt an einem warmen Ort etwa 30 Minuten gehen lassen.

2 Backblech mit Backpapier belegen. Den Teig und die Arbeitsfläche leicht mit Mehl bestäuben. Den Teig auf der Arbeitsfläche nochmals kurz durchkneten und dabei 80 g der gehackten Mandeln unter den Teig kneten. Aus zwei Dritteln des Teiges 3 Rollen (je etwa 40 cm lang) formen (siehe Bild unten links). Den fertigen Zopf auf das Backblech legen. Mit dem Nudelholz der Länge nach eine Vertiefung in den Zopf drücken.

3 Zum Bestreichen das Eigelb mit der Milch verschlagen und die Vertiefung damit bestreichen. Aus dem restlichen Teig 3 kürzere Rollen (je etwa 35 cm lang) formen. Daraus ebenfalls einen Zopf flechten und auf den größeren Zopf in die Vertiefung legen (siehe Bild rechts unten). Leicht andrücken. Den Zopf zugedeckt an einem warmen Ort etwa 30 Minuten gehen lassen.

4 Etwa 15 Minuten vor Gehzeitende den Backofen auf 180 °C vorheizen. Den Hefezopf rundum mit Eigelbmilch bestreichen. Restliche 20 g Mandeln daraufstreuen und leicht andrücken. Den Hefezopf im Ofen im unteren Drittel etwa 35 Minuten backen. Den Hefezopf mit dem Backpapier auf einen Kuchenrost ziehen und auskühlen lassen.

Je 3 Teigrollen zu einem Zopf flechten, dabei die beiden Enden jeweils leicht zusammendrücken und unter den Zopf legen. Den kleineren auf den größeren Zopf legen.

Tipp: Noch schneller geht das Formen, wenn Sie aus dem Teig lediglich 3 Rollen (je etwa 45 cm lang) formen und zu einem Zopf flechten.

Petits Fours

MIT
KANDIERTEN BLÜTEN

Zutaten für etwa 20 Stück

Für die kandierten Blüten:
2 Eiweiß
ca. 20 ungespritzte Blüten (Laven-
   delblüten, Rosenblütenblätter
   oder Gänseblümchen)
100 g Zucker

Für den Biskuit:
4 Eier
125 g Zucker
Salz
100 g Mehl
50 g Speisestärke
2 TL Weinsteinbackpulver
60 g zerlassene Butter

Für die Füllung:
ca. 200 g Johannisbeergelee oder
   Erdbeerkonfitüre

Für die Glasur:
200 g Puderzucker

1 Für die kandierten Blüten die Eiweiße zu einem cremigen Schnee schlagen. Die Blüten vorsichtig kurz abbrausen und trocken tupfen. In Eischnee tauchen, in Zucker wenden, auf Pergamentpapier legen und über Nacht trocknen lassen (oder bei 50 °C im Backofen etwa 1 Stunde trocknen lassen).

2 Für den Biskuit den Backofen auf 180 °C vorheizen. Die Eier trennen. Die Eigelbe mit 5 bis 6 EL warmem Wasser in einer Schüssel schaumig rühren. Den Zucker einrieseln lassen und so lange rühren, bis die Masse weißschaumig ist.

3 Die Eiweiße mit 1 Prise Salz steif schlagen und vorsichtig unter die Masse heben. Das Mehl, die Speisestärke und das Backpulver sieben und ebenfalls unterheben. Die zerlassene und abgekühlte Butter zum Schluss ganz locker unterrühren.

4 Ein Backblech mit Backpapier auslegen. Die Masse darauf verteilen und mit einem Teigschaber gleichmäßig glatt streichen. Den Biskuit im Ofen auf der mittleren Schiene etwa 25 Minuten goldbraun backen.

5 Den Biskuit aus dem Ofen nehmen, stürzen und das Backpapier abziehen. Die Teigplatte abkühlen lassen. Dann den Biskuit in etwa 4 × 4 cm große Quadrate schneiden. Je 3 Quadrate übereinanderlegen und zwischen die Schichten jeweils 1 bis 1 ½ TL Gelee oder Konfitüre streichen.

6 Für die Glasur den Puderzucker mit 2 bis 3 EL lauwarmem Wasser oder Fruchtsaft zu einem dickflüssigen Guss verrühren und eventuell mit Speisefarbe färben. Die Petits Fours rundum damit bestreichen und mit je 1 kandierten Blüte verzieren.

Kurz vorgestellt

Unsere Landfrauen kommen aus ganz unterschiedlichen Regionen –
was sie verbindet: die Liebe zum Landleben und die Leidenschaft für das Kochen.

Christa Artmann aus Tittling
www.kropfahof.de

. . . .

Die Milchviehbäuerin lebt mit ihrer
Familie im Weiler Anschießing in Nie-
derbayern. Mit dem „Kropfa-Mobil"
verkauft sie auf Volksfesten, an Markt-
und Kirchweihtagen Frischgebackenes.

→ Seite 117

Burga Baumüller aus Wickede
www.fischhof.de

. . . .

In sechs großen Teichen in Wickede an
der Ruhr werden die Fische für den
Hofladen geangelt und zu Räucherfisch
und anderen Spezialitäten verarbeitet.
In der „Fischstube" verköstigt Burga
Besucher mit ihren Delikatessen.

→ Seite 59

Christiane in der Beeck-Bolten
aus Mühlheim
www.duemptener-bauernhof.de

. . . .

Mitten im Ruhrgebiet beschreitet die
Bäuerin neue Wege: Ihr nach alten
Rezepten Selbstgebackenes verkauft sie
mit Kartoffeln, Eiern, Beeren und
Sommerblumen im Hofladen.

→ Seite 49

Agnes Böcker aus Lüdinghausen
www.forstmannshof.de

. . . .

Die gelernte Bankerin bewirtschaftet
mit Mann und Sohn den Familienbe-
trieb. Von dort kommen Spargel,
Erdbeeren und Himbeeren für das
gesamte Münsterland. Im Hofladen gibt
es selbst gemachte Liköre und Brände.

→ Seite 9, 83

Gabriele Briem aus Düsseldorf
www.gut-schroedersberg.de

. . . .

Auf Gut Schrödersberg beherbergt sie
mit ihrer Familie über 40 Pferde als
Pensionsgäste und eigene Pferde für
die Zucht und sie erzeugen
hochwertiges Futter für die vierbeini-
gen Mitbewohner und Pferdefreunde
aus der Region.

→ Seite 37

Wiebke Brinkmann-Roitsch aus Lage
www.bio-hof-brinkmann.de

· · · · · · · · · ·

Ökologisch zu wirtschaften, ist für die Betriebswirtin eine Selbstverständlichkeit: Die ausgefallenen Bio-Erzeugnisse können im Hofladen auch unverpackt eingekauft werden. Vielfältige Seminare ergänzen das Angebot.

→ Seite 33, 82, 85, 111, 140

Thea Clostermann aus Wesel-Bislich
www.clostermann-organics.com

· · · · · · · · · ·

Die Rosenliebhaberin betreibt mit ihrer Familie eine riesige Obstplantage am Niederrhein. Bei Hofführungen gibt sie ihr umfangreiches Wissen über ökologischen Landbau begeistert an Kinder und Erwachsene weiter.

→ Seite 43, 67

Ulla Esser aus Issum-Sevelen
www.hexenlandspargel.de

· · · · · · · · ·

Rund 150 Kühe bedeuten für die Milchbäuerin vom Niederrhein eine Menge Verantwortung. Dazu kommen die Spargelernte und der Direktverkauf im eigenen Hofladen. Ihr „Hobby" ist der Streichelzoo mit Schafen und Ziegen.

→ Seite 110

Linda Haßold aus Willanzheim
www.weinhof-am-nussbaum.de

· · · · · · · · · ·

Die begeisterte Winzerin betreibt in Unterfranken mit ihrem Mann ein kleines Weingut. Im stilvollen Gästehaus können Besucher übernachten und sich durch die selbst produzierten Bio-Weine kosten.

→ Seite 57, 105

Margit Hausmann aus Petersaurach
info@fischhof-hausmann.de

· · · · · · · · · ·

Die Mittelfränkin hat den elterlichen Betrieb übernommen und betreibt mit ihrem Mann mit großer Begeisterung Teichwirtschaft. Im hofeigenen Laden werden die Fische lebend oder weiterverarbeitet verkauft.

→ Seite 61

Mechthild Hawig aus
aus Haltern-Lippramsdorf
www.landhof-hawig.de

· · · · · · · · · ·

Die leidenschaftliche Kürbisbäuerin
liebt die dritte Jahreszeit. Sie und ihr
Mann Stefan bauen über 300 Kürbis-
sorten an. In der Saison werden sie von
ihren drei Kindern unterstützt.

→ Seite 23, 63, 103

Renate Höfler
aus Nürnberg
www.gartenbau-hoefler.de

· · · · · · · · · ·

Die Gemüsebäuerin bewirtschaftet
den heimischen Hof gemeinsam
mit Mann und Sohn. Die Familie hat
sich auf den Anbau von Tomaten und
Gurken spezialisiert.

→ Seite 71, 115

Gerlinde Hofer aus Kaltental
www.hofer-manufaktur.de

· · · · · · · · · ·

Die Allgäuerin lässt aus der hofeigenen
Milch einige Käsesorten herstellen, die
sie auf umliegenden Märkten anbietet.
Ihr Hof ist ein „Demonstrationsbe-
trieb", auf dem Besucher erfahren, was
ökologischen Landbau ausmacht.

→ Seite 15

Sabine Hollweck aus Pilsach
www.hollwecks.com

· · · · · · · · · ·

Die gelernte Agraringenieurin zog
Käserei und Fischzucht einer
wissenschaftlichen Karriere vor.
Heute versorgt sie sowohl ihre Kühe als
auch Käselaibe mit täglichen
Streicheleinheiten.

→ Seite 29

Marie Hüttner (ehem. Bauer)
aus Neudorf

· · · · · · · · · ·

Die junge Betriebswirtin aus Oberfran-
ken packt als Bäuerin auf dem Milchviehbetrieb ihrer Schwiegereltern
und der dazugehörigen Biogasanlage
kräftig mit an.

→ Seite 119

Manja Kerl (ehem. Rohm) aus Roth
www.biomassehof-rohm.de

. . . .

Die taffe Landwirtin und Waldbäuerin
schreckt auch vor schwerer Arbeit
nicht zurück: Im elterlichen Biomassen-
betrieb packt sie täglich bei Wald- und
Holzfällarbeiten kräftig mit an.
Ihr Herz schlägt aber für ihre Tiere.

→ Seite 75, 99

Irmi Kinker aus Roßhaupten
www.berghof-kinker.de

. . . .

Die 30 Milchkühe der Bio-Bergbäuerin
grasen täglich auf grünen Almwiesen.
Eine Idylle, die auch die Feriengäste
zu schätzen wissen, die auf den Kinker-
hof kommen, um sich in einer der vier
Ferienwohnungen zu erholen.

→ Seite 81, 84, 140

Dagmar Kirmeier
aus Stephanskirchen/Baierbach
www.wendlerhof.com

. . . .

Die kinderliebe Landfrau aus dem
Chiemgau hat vor einigen Jahren ihr
Leben als Hotelfachfrau mit dem einer
Milchbäuerin getauscht und koor-
diniert die Betreuung der Kunden.

→ Seite 109

Irmgard Königshausen aus Bottrop
www.hof-koenigshausen.de

. . . .

In ihrem prächtigen Ziergarten mit
Kräutern erholt sich die
Ökotrophologin vom täglichen Trubel.
Der Betrieb hat sich auf die Direktver-
marktung von Gemüse und Fleisch für
muslimische Kunden spezialisiert.

→ Seite 39, 79, 95, 140

Ilona Kuhnen aus Rösberg
www.ziegenhof-roesberg.de

. . . .

40 deutsche Edelziegen sind der ganze
Stolz der Käserin. Ihre Milch
verarbeitet sie zu würzigem Käse. Neben dem Käseverkauf sind Hofführungen, Käseverkostungen und das Projekt
Landkinder weitere Betriebszweige.

→ Seite 133

Dagmar Lutzenberger
aus Holzgünz

· · · · · · · · · ·

Die Bäuerin bewirtschaftet gemeinsam mit ihrem Mann im Unterallgäu den heimischen Hof mit Biogasanlage und Milchvieh. In ihrer Freizeit ist die quirlige Schwäbin gerne kreativ. Dann malt oder näht sie und werkelt mit Metall.

→ Seite 77

Rita Meermeyer aus Atteln
www.wantuens-hof.de

· · · · · · · · · ·

Der Wantüns Hof in Ostwestfalen-Lippe ist ein halber Kleintierzoo. Perfekt für Ferienprogramme, Geburtstagsfeiern, Hofführungen und Kochkurse für Kinder und ihre Eltern, die die Erlebnisbäuerin für Naturfreunde anbietet.

→ Seite 121

Birgit Oeffner aus Pommersfelden
www.kaeseundbrot.de

· · · · · · · · · ·

In der hofeigenen Käserei produziert die Käseexpertin 14 verschiedene Käsesorten sowie über 30 Frischkäsespezialitäten aus der eigenen Bio-Milch, die im Hofladen und auf Wochenmärkten verkauft werden.

→ Seite 89

Hilde Rasch aus Stiefenhofen
www.alpsennerei.de

· · · · · · · · · ·

Das berufliche Ein und Alles ist für die Landfrau aus dem Allgäu ihr Hofladen. Dort verkauft sie den preisgekrönten Käse, den sie und ihr Mann auf der familieneigenen Alp herstellen.

→ Seite 84

Susanne Reck aus Hambach
www.bauernhof-reck.de

· · · · · · · · · ·

Die Unterfränkin hat viel zu tun: mit den Gärten, dem Hofladen, der Schweinemast und weiteren Tieren sowie der „Genußscheune", einem Ort für Veranstaltungen aller Art. Bei Ausritten mit ihren Kindern entspannt sie.

→ Seite 91

„Narzissen und Tulpen dürfen im Frühling auf keinen Fall fehlen. Ebenso lieben wir die Bräuche rund um Ostern, wie das gesellige Osterfeuer, bei dem sich Freunde und Nachbarn treffen. Wenn dann noch die ersten Schwäne schlüpfen, ist das einfach herrlich idyllisch."

IRMGARD KÖNIGSHAUSEN

„In unserem Eingangsbereich steht eine alte Truhe, die wir immer jahreszeitlich schmücken. Im Frühling stelle ich dort eine Vase mit Frühlingsblumen wie Gänseblümchen, Schlüsselblumen, Tulpen, Narzissen oder Schneeglöckchen auf. Umrahmt von Weidenruten und Birkenzweigen, wird daraus ein zarter, frühlingshafter Blickfang."

IRMI KINKER

„Die Kornelkirsche ist ein schöner Strauch, der bereits im Februar mit seinen gelben Blüten den Frühling anlockt. Diese Blüten sind an sonnigen Februar- und Märztagen eine wichtige Nahrungsquelle für Bienen, die schon jetzt ausfliegen."

WIEBKE BRINKMANN-ROITSCH

Anita Sack aus Ködnitz
www.maierhof.tv

· · · · · · · · · ·

Die quirlige Bäuerin kümmert sich auf dem heimischen Betrieb um die Ferienwohnungen und die Betreuung der Hofgäste, die sie in ihrem Wellnessstudio mit Duftmassagen aus selbst hergestellten Aromaölen verwöhnt.

→ Seite 21

Beate Schaller aus Hohenburg
www.cafe-hammermuehle-bio.de

· · · · · · · · · ·

In der „Toskana der Oberpfalz" verkauft Beate Schaller in ihrem Hofladen Spezialitäten einer alten Rinderrasse. Ihre vorbeiwandernden Gäste verwöhnt sie im Hofcafé mit Speisen vom Roten Höhenvieh und hausgemachten Kuchen.

→ Seite 82, 87, 123

Ilonka Scheuring aus
Margetshöchheim
www.weingut-scheuring.de

· · · · · · · · · ·

Die erfahrene Winzerin Ilonka Scheuring liebt jeden ihrer Weine. Geduldig und unermüdlich begleitet die Unterfränkin jeden einzelnen von der Rebe bis zur Abfüllung.

→ Seite 55, 125

Barbara Schober aus Trautskirchen
www.ziegenhof-schober.de

· · · · · · · · · ·

Die Ziegenbäuerin aus Mittelfranken verkaufte früher ihre Spezialitäten auf Märkten. Heute lehrt sie ihren Gästen auf dem Hof das umfassende Handwerk vom Käsemachen bis zum Kochen mit Zutaten aus dem eigenen Garten.

→ Seite 53

Monika Schudt aus Schöllkrippen
www.derberghof.de

· · · · · · · · · ·

Ziegen sind die Leidenschaft der Bio-Bäuerin aus Unterfranken. Aus der Milch ihrer 150-köpfigen Herde stellt sie viele Käsesorten her, mit denen sie auch die Platten ihres Partyservices bestückt.

→ Seite 27

Birgit Schulte Bisping aus Telgte
www.birgits-hofkaeserei.de

· · · · · · · · · ·

Eine ehemalige Fotografin aus dem
Münsterland zog die Liebe zu Land und
Leuten zum Landleben – sie leitet
einen erfolgreichen Milchviehbetrieb
und erfindet neue Käsesorten.

→ Seite 73

Victoria Schulze Buschhoff
aus Münster
www.oekullus.de

· · · · · · · · · ·

Die umtriebige Gartenbauingenieurin
beliefert Kunden in der gesamten
Region mit Bio-Gemüse. Auf knapp
acht Hektar Land kultiviert die Familie
mehr als 40 verschiedene
Gemüsesorten.

→ Seite 31, 97

Susanne Spatz-Behmenburg
aus Oberhausen
www.staudenspatz.de

· · · · · · · · · ·

Die engagierte Landschaftsarchitektin
hat sich ganz der ökologischen Stau-
denzucht verschrieben. Ihre Gärtnerei
„Spatz und Frank" ist auf dem
weitläufigen Hof der Großfamilie in
Oberbayern angesiedelt.

→ Seite 35

Regina Steiner aus Vilsbiburg
www.vilstalschaefer.de

· · · · · · · · · ·

Die Niederbayerin Regina Steiner und
ihr Mann bewirtschaften mit viel
Engagement die Schäferei mit
600 Merinoschafen im Weidebetrieb
sowie 100 Milchschafen und sie erfin-
den neue Käsevariationen.

→ Seite 113

Christiane Thees aus Willich
www.bio-thees.de

· · · · · · · · · ·

Die gelernte Bürokauffrau verkauft
zweimal die Woche eine Vielzahl an
Kräutern sowie historischen
Gemüse- und Salatsorten aus der
heimischen Bioland-Kräutergärtnerei
auf dem Bauernmarkt.

→ Seite 33, 69, 85, 111

Marina van Leendert
aus Schwalmtal

• • • • • • • • • •

Die Vegetarierin aus dem Westen Nord-
rhein-Westfalens hat die perfekte
Berufswahl getroffen: Sie ist Obst- und
Gemüsebäuerin und kümmert sich um
den Vertrieb von Bio-Kisten.

→ Seite 41, 51

Simone Vogler aus Schöllang
www.andreashof-oberstdorf.de

• • • • • • • • • •

Landwirtin mit Leib und Seele, das ist
sie heute. Obwohl die technisch ver-
sierte Allgäuerin zunächst andere Plä-
ne hatte, lebt sie glücklich mit Mann
und vier Kindern bei Oberstdorf und
vermietet schöne Ferienwohnungen.

→ Seite 45, 101

Dorothee Vortmann aus Dorsten
www.hof-vortmann.de

• • • • • • • • • •

Als Kind hat sie von einem Leben als
Bäuerin geträumt. Heute lebt sie ihren
Traum mit Mann und vier Kindern.
Im Hofladen gibt es Eier, Fleisch vom
Dammwild und vom Bentheimer
Schwein sowie verschiedene Beeren.

→ Seite 19

Anita Wallrapp aus Theilheim
www.bio-weingut-wallrapp.de

• • • • • • • • • •

Die Bio-Weine der Unterfränkin sind
echte Kostbarkeiten. Neben dem
Verkauf des biologisch-dynamischen
Weins im Hofladen bietet Anita Wallrapp auch Weinproben und Führungen
durch das urwüchsige Weingut an.

→ Seite 25

Tanja Wirtz aus Simmerath
www.bio-wirtz.de

• • • • • • • • • •

Die Bio-Landwirtin bewirtschaftet einen
idyllischen Hof in der Eifel. Kühe, Hühner, Schafe und Schweine dürfen sich
dort frei bewegen. Wie gut es ihnen
geht, merkt man den Spezialitäten an,
die im Hofladen verkauft werden.

→ Seite 13, 17

Christine Wutz aus Schönthal
christinewutz@wullnhof.de

• • • • • • • • • •

Die Oberpfälzerin führt gemeinsam mit
ihrem Mann den Wullnhof in
Schönthal. Daneben engagiert sie sich
u. a. im Verband für landwirtschaftliche
Fachbildung für die Interessen der
Frauen.

→ Seite 32

„Es lebe die Biene! Wenn Sie den Tierchen eine Freude machen möchten, bringen Sie auf ihrem Balkon oder im Garten Pflanzen wie die Wilde Malve, Phazelia, Lavendel, Salbei, Blaukissen, Wicken, Kornblumen oder Löwenmäulchen zum Blühen."

ZS Redaktionsteam

Unsere Landfrauen im Fernsehen

„LANDFRAUENKÜCHE" IM BR FERNSEHEN

Die „Landfrauenküche" ist mit dem Landfrauenbus unterwegs durch ganz Bayern. Das Erfolgskonzept der Reihe: Sieben Landfrauen aus den sieben bayerischen Bezirken kommen zusammen, um sich kennenzulernen und gegenseitig zu bekochen. Reihum ist jede Frau Gastgeberin für die anderen sechs Mitstreiterinnen.

Aber die Frauen lassen sich nicht nur in die Töpfe, sondern auch in ihren Alltag schauen. Alle Landfrauen haben einen engen Bezug zu ihrer Heimat und bereiten mit Produkten vom eigenen Hof oder aus der Region ein Menü aus Vor-, Haupt- und Nachspeise zu. Die Frauen bewerten sich gegenseitig. Für jeden Gang werden nach bestimmten Kriterien bis zu zehn Punkte vergeben. Siegerin ist, wer am Ende die meisten Punkte erhält.

Da der Landfrauenbus in der Regel unterwegs ist, wenn alles blüht, wächst und gedeiht, haben die Damen eine Menge Ideen für diese Jahreszeit.

„LAND & LECKER" IM WDR FERNSEHEN

Regelmäßig rollt der „Land und lecker"-Bus durchs Land – an Bord gut gelaunte Bäuerinnen, die sich gegenseitig auf ihre Höfe einladen. Auf ihrer kulinarischen Reise genießen sie Köstlichkeiten aus der Region und das, was die Landküche so zu bieten hat. Und am Ende der Reise steht die Frage aller Fragen: Wer hat das beste Menü gekocht? Wer holt den Titel nach Hause?

Aber es geht nicht nur ums Kochen und die „Landlust". Die Filme erzählen auch spannende Familiengeschichten. Die modernen Landfrauen sind Unternehmerinnen, die „um ihre Scholle kämpfen" und dabei spannende und kreative Wege einschlagen. Alle Frauen gewähren einen Einblick in ihren Arbeitsalltag und erzählen ihre ganz persönliche Geschichte, die jede mit dem Leben auf dem Land verbindet. Garniert wird das Ganze mit leckeren Gerichten, die Lust auf gute Landküche machen – vor allem im Frühling und im Sommer.

A

Altendorfer Landei im bunten Salatnest 19

Amarettini selbst gemacht 97

APFEL

Apfel-Tomaten-Suppe mit Holunderblüten 43

Hähnchenbrust mit Rosmarin auf „Himmel und Erde" 67

AUBERGINE: Dreierlei Büffelkäse mit Ofengemüse und Kräutern 17

B

Bärlauch-Cappuccino und Käsestangen 39

Basilikumeis mit Erdbeerragout und Mandelfächer 105

BISKUIT

Petits Fours mit kandierten Blüten 133

Rhabarber-Biskuit mit Erdbeeren im Glas 107

Blüten, kandierte, mit Petits Fours 133

BOHNEN: Zucchiniblüten mit Bohnen-Ricotta-Füllung 31

BRENNNESSELN

Brennnesselchips 85

Brennnesselpesto 82

Rinderfilet mit Käsekruste, Gemüse und Brennnessel-spätzle 77

Brot, selbst gebackenes, mit Mangoldsuppe 41

Bunter Salat mit knusprigen Hähnchenstreifen und Erdbeer-Vinaigrette 49

D/E

Dreierlei Büffelkäse mit Ofengemüse und Kräutern 17

Drei Köstlichkeiten auf fränkische Art 25

EIER

Altendorfer Landei im bunten Salatnest 19

Eispralinen und Joghurtcreme aus der Schafmilch 113

Erdbeerknödel mit Honig-Leinöl-Creme 117

Gerstenbraten im Salbeimantel mit Joghurtsauce und grünem Gemüse 53

Hähnchenbrust mit Kräuterkruste, Bandnudeln und Zuckerschoten 69

Hefezopf mit Mandeln 131

Himbeertörtchen mit hausgemachtem Eierlikör 123

Hollerkücherl mit Honigparfait 109

Joghurt-Törtchen und Buttermilchcreme mit Erdbeersauce 115

Kalbsschnitzel in Kräuterhülle mit Spitzkohl und Kartoffelgratin 73

Knusper-Kohlrabi auf Salatbett 13

Kräutermaultäschle Allgäuer Art mit Radieschensalat 45

Osterlamm mit Mandarinen 129

Petits Fours mit kandierten Blüten 133

Rhabarberparfait und Schokotörtchen 125

Rinderfilet mit Käsekruste, Gemüse und Brennnessel-spätzle 77

Rosenküchle trifft Rosenparfait 119

„Versteckter Hase" mit Kartoffeltörtla und Käsechips 89

Ziegenfrischkäse mit Pesto und Graved-Rollen 29

Zucchiniblütenkuchen und rosa Kalbsfilet 27

EIERLIKÖR

Himbeertörtchen mit hausgemachtem Eierlikör 123

Sekt mit Cranberry-Eierlikör 110

EIS

Basilikumeis mit Erdbeerragout und Mandelfächer 105

Eispralinen und Joghurtcreme aus der Schafmilch 113

ERDBEEREN

Basilikumeis mit Erdbeerragout und Mandelfächer 105

Bunter Salat mit knusprigen Hähnchenstreifen und Erdbeer-Vinaigrette 49

Erdbeerknödel mit Honig-Leinöl-Creme 117

Erdbeer-Spargel-Salat mit Frischkäsekugeln 21

Erdbeertraum mit Rhabarber-Ingwer-Sorbet 95

Holunder-Panna-cotta auf Erdbeersauce mit Rhabarberkompott 99

Joghurt-Törtchen und Buttermilchcreme mit Erdbeersauce 115

Rhabarber-Biskuit mit Erdbeeren im Glas 107

Rhabarberparfait und Schokotörtchen 125

F

FISCH

Gebeizte Lachsforelle mit Spargelnockerln 11

Kabeljaufilet mit Kartoffel-Radieschen-Salat und Gartenkräuter-Remoulade 55

Karpfen in Zitronen-Schnittlauch-Kruste und Saibling im Speckmantel mit Kartoffeln 61

Lachsforelle mit Silvanernudeln und Gurkengemüse 57

Lachsforelle und Saiblingsfilet an Spitzkohlgemüse mit Schrappkartöffelchen 59

Spargel-Terrine mit Lachs und Frischkäse 9

Ziegenfrischkäse mit Pesto und Graved-Rollen 29

FLEISCH

Holzfällersteak mit gebratenem Spargel 75

Kalbsschäufele mit Spargelragout und Kartoffelgratin 71

Kalbsschnitzel in Kräuterhülle mit Spitzkohl und Kartoffelgratin 73

Krustenbraten mit Honig-Bier-Sauce, Herzoginkartoffeln und Möhrenstiftchen 91

Lammkoteletts mit Giersch, Paprikagemüse und Rosmarinkartoffeln 87

Limousinfilet mit Spinatsalat und Kartoffel-Giersch-Püree 79

Rinderfilet mit Käsekruste, Gemüse und Brennnessel-
spätzle 77
Rinderroulade mit Walnüssen, Kartoffel-Kräuter-Rolle
und karamellisierten Möhren 81
„Versteckter Hase" mit Kartoffeltörtla und Käsechips 89
Zucchiniblütenkuchen und rosa Kalbsfilet 27

FRISCHKÄSE
Erdbeer-Spargel-Salat mit Frischkäsekugeln 21
Rinderfilet mit Käsekruste, Gemüse und Brennnessel-
spätzle 77
Spargel-Terrine mit Lachs und Frischkäse 9
Ziegenfrischkäse mit Pesto und Graved-Rollen 29
Zucchiniblütenkuchen und rosa Kalbsfilet 27
Zucchiniblüten mit Bohnen-Ricotta-Füllung 31
Frittierte Taglilienknospen 33

G

Gärtnersuppe, kalte, mit Zucchini 35
Gebeizte Lachsforelle mit Spargelnockerln 11
Gefüllte Zucchini und frittierte Zucchiniblüten 51
Gerstenbraten im Salbeimantel mit Joghurtsauce und
grünem Gemüse 53

GIERSCH
Lammkoteletts mit Giersch, Paprikagemüse und
Rosmarinkartoffeln 87
Limousinfilet mit Spinatsalat und Kartoffel-
Giersch-Püree 79

GURKE
Holzfällersteak mit gebratenem Spargel 75
Kalte Gärtnersuppe mit Zucchini 35
Lachsforelle mit Silvanernudeln und Gurkengemüse 57

H/I

HACKFLEISCH
Kräutermaultäschle Allgäuer Art mit Radieschensalat 45
„Versteckter Hase" mit Kartoffeltörtla und Käsechips 89

HÄHNCHEN
Bunter Salat mit knusprigen Hähnchenstreifen
und Erdbeer-Vinaigrette 49
Hähnchenbrust mit Kräuterkruste, Bandnudeln
und Zuckerschoten 69
Hähnchenbrust mit Rosmarin auf „Himmel und Erde" 67
Hefezopf mit Mandeln 131

HEIDELBEEREN: Holunderblütenmousse mit
Heidelbeersauce 97

HIMBEEREN
Eispralinen und Joghurtcreme aus der Schafmilch 113
Himbeertörtchen mit hausgemachtem Eierlikör 123
Schneller Himbeersirup 19

HOLUNDER
Apfel-Tomaten-Suppe mit Holunderblüten 43
Erdbeertraum mit Rhabarber-Ingwer-Sorbet 95
Hollerkücherl mit Honigparfait 109
Holunderblütenmousse mit Heidelbeersauce 97
Holunderblütensekt 111
Holunderblütensirup 110
Holunder-Panna-cotta auf Erdbeersauce mit
Rhabarberkompott 99
Holzfällersteak mit gebratenem Spargel 75

K

Kabeljaufilet mit Kartoffel-Radieschen-Salat und
Gartenkräuter-Remoulade 55

KALB
Kalbsschäufele mit Spargelragout und Kartoffelgratin 71
Kalbsschnitzel in Kräuterhülle mit Spitzkohl und
Kartoffelgratin 73
Zucchiniblütenkuchen und rosa Kalbsfilet 27
Kalte Gärtnersuppe mit Zucchini 35
Karpfen in Zitronen-Schnittlauch-Kruste und Saibling im
Speckmantel mit Kartoffeln 61

KARTOFFELN
Bärlauch-Cappuccino und Käsestangen 39
Erdbeerknödel mit Honig-Leinöl-Creme 117
Gefüllte Zucchini und frittierte Zucchiniblüten 51
Hähnchenbrust mit Rosmarin auf „Himmel und Erde" 67
Kabeljaufilet mit Kartoffel-Radieschen-Salat und
Gartenkräuter-Remoulade 55
Kalbsschäufele mit Spargelragout und Kartoffelgratin 71
Kalbsschnitzel in Kräuterhülle mit Spitzkohl und
Kartoffelgratin 73
Karpfen in Zitronen-Schnittlauch-Kruste und Saibling im
Speckmantel mit Kartoffeln 61
Krustenbraten mit Honig-Bier-Sauce, Herzoginkartoffeln
und Möhrenstiftchen 91
Lachsforelle und Saiblingsfilet an Spitzkohlgemüse mit
Schrappkartöffelchen 59
Lammkoteletts mit Giersch, Paprikagemüse und Rosmarin-
kartoffeln 87
Limousinfilet mit Spinatsalat und Kartoffel-Giersch-
Püree 79
Rinderroulade mit Walnüssen, Kartoffel-Kräuter-Rolle
und karamellisierten Möhren 81
„Versteckter Hase" mit Kartoffeltörtla und Käsechips 89

KÄSE
Altendorfer Landei im bunten Salatnest 19
Bärlauch-Cappuccino und Käsestangen 39
Dreierlei Büffelkäse mit Ofengemüse und Kräutern 17

Drei Köstlichkeiten auf fränkische Art 25
Gefüllte Zucchini und frittierte Zucchiniblüten 51
Rucola-Weichkäse 84
Rinderfilet mit Käsekruste, Gemüse und Brennnessel-
spätzle 77
„Versteckter Hase" mit Kartoffeltörtla und Käsechips 89
Zucchiniblütenkuchen und rosa Kalbsfilet 27
KOHLRABI: Knusper-Kohlrabi auf Salatbett 13
Kräuterblütenaufstrich 33
Kräuterblütenbutter 32
Kräuterlimonade 111
Kräutermaultäschle Allgäuer Art mit Radieschensalat 45
Kräutersalz, „wildes" 85
Krustenbraten mit Honig-Bier-Sauce, Herzoginkartoffeln
und Möhrenstiftchen 91

L

Lachsforelle, gebeizte, mit Spargelnockerln 11
Lachsforelle mit Silvanernudeln und Gurkengemüse 57
Lachsforelle und Saiblingsfilet an Spitzkohlgemüse mit
Schrappkartöffelchen 59
Lammkoteletts mit Giersch, Paprikagemüse und Rosmarin-
kartoffeln 87
Landei, Altendorfer, im bunten Salatnest 19
Limousinfilet mit Spinatsalat und Kartoffel-Giersch-Püree 79
Löwenzahnpesto 82

M

MANDELN
Basilikumeis mit Erdbeerragout und Mandelfächer 105
Hefezopf mit Mandeln 131
MANGOLD
Gerstenbraten im Salbeimantel mit Joghurtsauce und
grünem Gemüse 53
Mangoldsuppe mit selbst gebackenem Brot 41
„Versteckter Hase" mit Kartoffeltörtla und Käsechips 89
MÖHREN
Krustenbraten mit Honig-Bier-Sauce, Herzoginkartoffeln
und Möhrenstiftchen 91
Rinderroulade mit Walnüssen, Kartoffel-Kräuter-Rolle
und karamellisierten Möhren 81
MOZZARELLA
Dreierlei Büffelkäse mit Ofengemüse und Kräutern 17
Mozzarella mit Wildkräutern 15

N/O

NUDELN: Hähnchenbrust mit Kräuterkruste,
Bandnudeln und Zuckerschoten 69
Osterlamm mit Mandarinen 129

P

PAPRIKA: Lammkoteletts mit Giersch, Paprikagemüse und
Rosmarinkartoffeln 87
PARFAIT
Hollerkücherl mit Honigparfait 109
Rhabarberparfait und Schokotörtchen 125
Rosenküchle trifft Rosenparfait 119
PESTO
Brennnesselpesto 82
Löwenzahnpesto 82
Petersilienpesto 83
Ziegenfrischkäse mit Pesto und Graved-Rollen 29
Petits Fours mit kandierten Blüten 133

R

RADIESCHEN
Drei Köstlichkeiten auf fränkische Art 25
Holzfällersteak mit gebratenem Spargel 75
Kabeljaufilet mit Kartoffel-Radieschen-Salat und
Gartenkräuter-Remoulade 55
Kräutermaultäschle Allgäuer Art mit Radieschensalat 45
RHABARBER
Erdbeertraum mit Rhabarber-Ingwer-Sorbet 95
Holunder-Panna-cotta auf Erdbeersauce mit Rhabarber-
kompott 99
Rhabarber-Biskuit mit Erdbeeren im Glas 107
Rhabarberparfait und Schokotörtchen 125
RICOTTA
Dreierlei Büffelkäse mit Ofengemüse und Kräutern 17
Zucchiniblüten mit Bohnen-Ricotta-Füllung 31
Rinderfilet mit Käsekruste, Gemüse und Brennnessel-
spätzle 77
Rinderroulade mit Walnüssen, Kartoffel-Kräuter-Rolle und
karamellisierten Möhren 81
Rosenküchle trifft Rosenparfait 119
Rucola-Weichkäse 84

S

SALAT
Altendorfer Landei im bunten Salatnest 19
Bunter Salat mit knusprigen Hähnchenstreifen und
Erdbeer-Vinaigrette 49
Drei Köstlichkeiten auf fränkische Art 25
Erdbeer-Spargel-Salat mit Frischkäsekugeln 21
Hähnchenbrust mit Rosmarin auf „Himmel und Erde" 67
Holzfällersteak mit gebratenem Spargel 75
Knusper-Kohlrabi auf Salatbett 13
Kabeljaufilet mit Kartoffel-Radieschen-Salat und Garten-
kräuter-Remoulade 55

Kräutermaultäschle Allgäuer Art mit Radieschensalat 45
Limousinfilet mit Spinatsalat und Kartoffel-Giersch-
Püree 79
Mozzarella mit Wildkräutern 15

SCHOKOLADE
Eispralinen und Joghurtcreme aus der Schafmilch 113
Joghurt-Törtchen und Buttermilchcreme mit
Erdbeersauce 115
Rhabarberparfait und Schokotörtchen 125

Sekt mit Cranberry-Eierlikör 110

SORBET
Erdbeertraum mit Rhabarber-Ingwer-Sorbet 95
Waldmeister-Sorbet mit Cidre 101

SPARGEL
Erdbeer-Spargel-Salat mit Frischkäsekugel 21
Gebeizte Lachsforelle mit Spargelnockerln 11
Holzfällersteak mit gebratenem Spargel 75
Kalbsschäufele mit Spargelragout und Kartoffelgratin 71
Spargel-Terrine mit Lachs und Frischkäse 9

SPINAT
Kräutermaultäschle Allgäuer Art mit Radieschensalat 45
Limousinfilet mit Spinatsalat und Kartoffel-Giersch-
Püree 79

SPITZKOHL
Kalbsschnitzel in Kräuterhülle mit Spitzkohl und
Kartoffelgratin 73
Lachsforelle und Saiblingsfilet an Spitzkohlgemüse mit
Schrappkartöffelchen 59

T
Taglilienknospen, frittierte 33

TÖRTCHEN
Himbeertörtchen mit hausgemachtem Eierlikör 123
Joghurt-Törtchen und Buttermilchcreme mit
Erdbeersauce 115
Petits Fours mit kandierten Blüten 133
Rhabarberparfait und Schokotörtchen 125

TOMATEN
Altendorfer Landei im bunten Salatnest 19
Apfel-Tomaten-Suppe mit Holunderblüten 43
Dreierlei Büffelkäse mit Ofengemüse und Kräutern 17
Gefüllte Zucchini und frittierte Zucchiniblüten 51
Lachsforelle mit Silvanernudeln und Gurkengemüse 57
Limousinfilet mit Spinatsalat und Kartoffel-Giersch-
Püree 79
Mozzarella mit Wildkräutern 15

V/W
„Versteckter Hase" mit Kartoffeltörtla und Käsechips 89
Waldmeistersirup 101
Waldmeister-Sorbet mit Cidre 101

WALNÜSSE
Rinderroulade mit Walnüssen, Kartoffel-Kräuter-Rolle
und karamellisierten Möhren 81
Ziegenfrischkäse mit Pesto und Graved-Rollen 29

„Wildes" Kräutersalz 85

WILDKRÄUTER
Erdbeer-Spargel-Salat mit Frischkäsekugeln 21
Hähnchenbrust mit Rosmarin auf „Himmel und Erde" 67
Mozzarella mit Wildkräutern 15
Wildkräutersuppe mit Sahnetupfer 37

Z
Ziegenfrischkäse mit Pesto und Graved-Rollen 29

ZUCCHINI
Dreierlei Büffelkäse mit Ofengemüse und Kräutern 17
Gefüllte Zucchini und frittierte Zucchiniblüten 51
Gerstenbraten im Salbeimantel mit Joghurtsauce und
grünem Gemüse 53
Kalte Gärtnersuppe mit Zucchini 35
Zucchiniblütenkuchen und rosa Kalbsfilet 27
Zucchiniblüten mit Bohnen-Ricotta-Füllung 31

ZUCKERSCHOTEN:
Hähnchenbrust mit Kräuterkruste, Bandnudeln und Zuckerschoten 69
Rinderfilet mit Käsekruste, Gemüse und Brennnessel-
spätzle 77

BASTELIDEEN

AUSSENDEKORATION
Frühlingsnest aus Obstbaumzweigen 121

BLUMENSCHMUCK
Frühlingsnest aus Obstbaumzweigen 121
Spargelvase mit Frühlingsblumen 23
Filz-Besteckhülle und Serviettenring 63
Frühlingsnest aus Obstbaumzweigen 121
Ostereier mit Serviettentechnik 127
Spargelvase mit Frühlingsblumen 23

TISCHDEKO
Filz-Besteckhülle und Serviettenring 63
Spargelvase mit Frühlingsblumen 23
Windlichter mit Frühlingsmotiven 103
Windlichter mit Frühlingsmotiven 103

IMPRESSUM

© 2019 ZS Verlag GmbH
Kaiserstraße 14 b
D-80801 München

ISBN 978-3-89883-874-0
1. Auflage 2019

Projektleitung: Ines Alms
Vorwort: Margarethe Brunner
Lektorat: ZS Team, Margarethe Brunner
Grafisches Konzept: Johanna Höflich & Geela Eden-Herlyn
Grafische Gestaltung & Satz: Julia Arzberger
Illustration: Aline Kettenberger (S.64/65)
Fotografie: Andrea Kramp & Bernd Gölling (weitere siehe Bildnachweis)
Foodstyling: Hermann Rottmann, Julia Skowronek, Maria Gilg, Petra Speckmann, Stevan Paul
Herstellung: Frank Jansen
Producing: Jan Russok
Druck & Bindung: optimal media GmbH, Röbel

© WDR, Köln
Lizenziert durch die WDR mediagroup GmbH.
Nach einer Idee und basierend auf dem Konzept „Landfrauenküche" des Schweizer Fernsehens.

© 2019 & megaherz nach einer Idee des Schweizer Fernsehens SRF
im Auftrag des Bayerischen Rundfunks
basierend auf dem Konzept „Landfrauenküche" des Schweizer Fernsehens.
Lizenz durch TELEPOOL GmbH – Alle Rechte vorbehalten –

Im Buch enthaltene Foodfotos können zur eigenen Nutzung erworben werden unter www.stockfood.com

Die ZS Verlag GmbH ist ein Unternehmen der Edel AG, Hamburg.
www.zsverlag.de | www.facebook.com/zsverlag

BILDNACHWEIS

Auf den Geschmack gekommen?

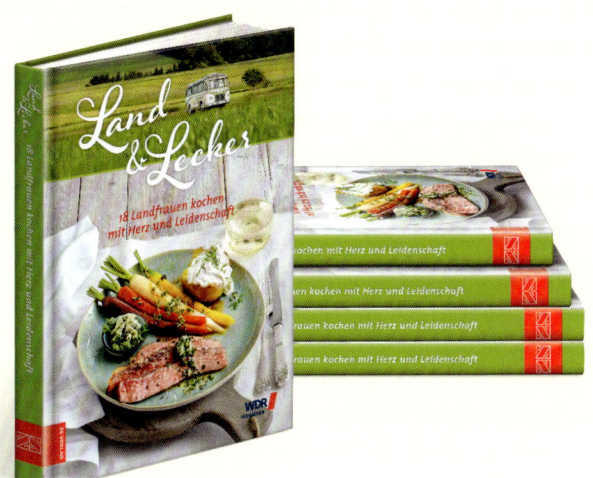

Noch mehr von den Landfrauen aus Nordrhein-Westfalen – mit zahlreichen Rezepten und Porträts.

Land & Lecker 4
€ [D] 19,99
ISBN 978-3-89883-866-5

So kochen und leben die Landfrauen in Bayern: Rezepte und Porträts zu Landfrauen aus dem BR-Fernsehen.

Landfrauenküche 5
€ [D] 19,99
ISBN 978-3-89883-834-4

Gleich weiterkochen!

Jetzt überall, wo es gute Bücher gibt.